XVI Certamen de Teatro
"Dramaturgo José Moreno Arenas"

Primera edición: abril 2025

© de las obras: Paula Echalecu, José Busto, Juan García Larrondo, Alejandro Nieto Cruz, Antonio Miguel Morales, Carlos Be, Carlos Herrera Carmona, Agustín Luque Cambiasso, José Moreno Arenas
© del prólogo: Rafael Ruiz Álvarez
© de la edición: Ediciones Carena
c/ Alpens, 31, local
08014 Barcelona
Tel. 934 310 283
www.edicionescarena.com
info@edicionescarena.com

Diseño cubierta: María Moreno
Maquetación: María Moreno
Depósito legal: B-5482-2025
ISBN: 979-13-87623-26-5

Entidades colaboradoras:

Paula Echalecu, José Busto, Juan García Larrondo, Alejando Nieto Cruz,
Antonio M. Morales, Carlos Be, Carlos Herrera Carmona, Agustín Luque

- -

XVI Certamen de Teatro
"Dramaturgo José Moreno Arenas"
2024

Índice

Introducción

Hoy más que nunca, la imaginación, a prueba. Porque, después de quince años, es difícil –me disgusta decir imposible– no repetir algunas cosas que ya han sido mencionadas en anteriores «Introducciones», bien por quienes me han precedido en el cargo al frente de la Concejalía de Cultura, bien por mí misma –no sé si será efecto de la casualidad que solo mujeres puedan alardear de tal honor desde el nacimiento del Certamen de Teatro–. Pero es que, además de evitar repeticiones, se exige otro esfuerzo, pues los elogios al Certamen han sido tan numerosos y tan extraordinarios que se agotan los vocablos con un mínimo marchamo de originalidad. No exagero lo más mínimo, querido lector; no hay más que pasar la mirada por esas y otras páginas contenidas en ediciones pretéritas para entender mi "preocupación" cuando por fin decido coger bolígrafo y papel para escribir estas líneas.

No lo digo yo; y, aunque la información llega de continuo y de todos lados, me quedo con lo que Miguel Galindo Abellán, prestigioso doctor en Filología Hispánica y excelente dramaturgo, a quien nuestro jurado de la modalidad mínima premió hace dos años por su obra *Elena cimarrona*, ha llegado a decir: «Tanto es así que si nombramos hoy en día Almagro, Mérida, Ciudad Rodrigo, Chiclana de la Frontera o Albolote, nos viene a la memoria, además del encanto y la personalidad de dichos lugares, el teatro, que con sus congresos y encuentros dan la altura y el interés necesarios para atraernos al aprendizaje y al divertimento». No seré yo quien desdiga lo afirmado por el autor de Murcia, pues es tal la apuesta y el esfuerzo de la Corporación municipal por el Teatro y por nuestro Pepe Moreno que aquí estaremos, año a año, para

potenciar no solo el Certamen –huelga ya hablar de conso-
lidación–, sino también el Seminario Internacional de Estudios Teatrales, que con aquel lleva el nombre de Albolote en
volandas, traspasando toda suerte de fronteras.

Si Certamen y Seminario han puesto a Albolote en el mapa
cultural, otro tanto hay que decir de Pepe Moreno. Cuando
aún no ha terminado de recoger los frutos de su *Federico, en
carne viva*, nos regala *Entremeses / Impromptus*, un libro compartido con el irrepetible e inimitable Fernando Arrabal. Y me
pregunto yo que hasta dónde llega el nivel de calidad de las
obras de Pepe Moreno, que puede permitirse algo que está
al alcance de muy pocos: publicar junto a uno de los grandes
genios universales.

Ya termino. Ahora toca disfrutar del prólogo de Rafael
Ruiz Álvarez, profesor de la Universidad de Granada, amén
de dramaturgo y director teatral, y de las creaciones de Paula Echalecu, Antonio Miguel Morales y Carlos Be, los pre-
miados en la presente edición; también de las de José Busto,
Juan García Larrondo, Alejandro Nieto Cruz, Carlos Herrera
Carmona y Agustín Luque Cambiasso, accésits; y, como es
habitual, de las páginas de honor dedicadas a José Moreno
Arenas.

¡Arriba el telón!

Eugenia Rodríguez-Bailón Fernández
Concejal de Cultura del Ayuntamiento de Albolote

Prólogo:
La Cultura, adorno en la prosperidad y refugio en la adversidad

Hacer un prólogo es un ejercicio de responsabilidad por dos importantes razones: una, porque se trata de distinguir a las personas de las que se ha de hablar; otra, por la necesidad de conseguir que el lector tome interés por lo que se dice sobre estas. Si a ello le añadimos, como es el caso, que se ha de contar con el hecho de elaborar un discurso sobre obras premiadas y sobre un Certamen de reconocida trayectoria –Certamen de Teatro "Dramaturgo José Moreno Arenas" 2024– que lleva en el tiempo un número sólido de ediciones y que con esta alcanza la decimosexta, la situación adquiere mayor envergadura. El ordinario refleja un recorrido que en modo alguno ha de confundirse con hábito o rutina porque, cada vez que sale a la luz el resultado de estos galardones de manera impresa, nos encontramos, lectores y potenciales espectadores, con un regalo único: la oportunidad de conocer textos y autores dramáticos venidos de distintas latitudes nacionales e internacionales, capaces de conmovernos con sus palabras, con las acciones reflejadas en sus historias y con la caracterización de sus personajes. A ello hay que añadir el cierre de honor del libro que atesora estas piezas con dos más, *La playa* y *El okupa*, de la autoría de José Moreno Arenas, que han sido rescatadas para deleite del lector de entre la dilatada carrera del dramaturgo.

Por lo anteriormente expresado, considero que hay que sentirse afortunado de abordar esta encomienda, y con este sentimiento, permítaseme, esgrimiré mis argumentos, haciendo hincapié en algo que en nuestros días puede resultar inhabitual, y es que las instituciones políticas, como es en este caso el Excmo. Ayuntamiento de Albolote, los agentes sociales, léanse Fundación Francisco Carvajal y Karma Teatro, y los mejores conocedores del fenómeno teatral —autores, directores, investigadores y críticos—, se conciten para garantizar la pervivencia de estos reconocimientos literarios y escénicos. La Cultura, con mayúsculas, como decía el historiador griego Diógenes Laercio, ya en el siglo III AC, "es un adorno en la prosperidad y un refugio en la adversidad". Es decir, algo imprescindible en todo momento que, en lo que a teatro se refiere, ofrece la oportunidad de dar vida escénica a nuestra forma de ser, pensar, sentir y expresar.

Centrándome en el colectivo que nos ocupa, señalaré que todas las obras que han logrado el galardón de los distintos jurados de esta edición poseen la fuerza suficiente para seducir al lector y para solicitarle su implicación como persona en una sociedad globalizada que adolece frecuentemente de valores y de objetivos certeros. Si tuviéramos que hablar de denominador común entre los textos ganadores de este año, yo destacaría la vocación de sus autores y autoras como transmisores de una sensibilidad cargada de maestría a la hora de contar historias y de describir personajes que transitan entre lo pretérito, lo mitológico y lo cotidiano con extraordinaria belleza, fluidez y sencillez. Creo, sinceramente, que esto ha redundado en favor de las decisiones adoptadas al respecto por los jurados, que todos los personajes —y sus historias— llegan con facilidad al lector de hoy, conmoviéndolo y haciéndolo partícipe de las vivencias experimentadas por los mismos.

Corresponde en primer lugar hacer mención ahora de los distintos fallos de los jurados de esta edición. Así, y en lo que se refiere a Teatro Breve, el jurado se reunió el pasado tres de diciembre, como es costumbre, en el Salón de Sesiones de la Casa Consistorial de Albolote. Lo presidió doña Eugenia Rodríguez-Bailón Fernández (concejal de Cultura del Excmo. Ayuntamiento de Albolote), siendo secretario del jurado don José Moreno Arenas (Autor de Teatro que da nombre al Certamen). Actuaron como vocales don Pedro Catalán García (Dramaturgo), don Miguel Galindo Abellán (Dramaturgo), don José Membrive Membrive (Director de Ediciones Carena), doña María Dolores Rodríguez Huertas (Jefa de Producción de Karma Teatro), don Rafael Ruiz Álvarez (Profesor de la Universidad de Granada, dramaturgo y director de teatro), don Julio Salvatierra Cuenca (Escritor, dramaturgo y productor de teatro), don Mario Soria Rodríguez (Coordinador del Seminario Internacional de Estudios Teatrales "SIETe" y actor) y don Mario de la Torre-Espinosa (Director del Área de Artes Escénicas de la Universidad de Granada y profesor de esta).

El premio fue concedido a la obra titulada *Petipé*, escrita por Paula Echalecu. Asimismo, se otorgaron dos accésits, el primero, ex aequo, a las obras *Aversión*, de José Luis Busto González, "José Busto", y *Las versiones de Vibia*, de Juan García Larrondo. El segundo de ellos fue concedido a la obra titulada *Hipólita y Fedra*, de Alejandro Nieto Cruz.

En cuanto a la Modalidad de Teatro Mínimo, resultado emitido en la misma fecha y lugar citados más arriba y con igual presidencia y secretaría, contó con los siguientes vocales: don Emilio Ballesteros Almazán (Escritor, poeta y dramaturgo), don Genís Campillo García (Dramaturgo y actor), don Juan Mairena Jiménez (Dramaturgo, ganador de la anterior edición del Certamen), don José Membrive Membrive (Director de Ediciones Carena), don José Manuel Motos Galera (Director de teatro) y doña María Dolores Rodríguez Huertas

(Jefa de Producción de Karma Teatro). El premio recayó, ex aequo, en las obras tituladas *La niña del vestido blanco*, de Antonio Miguel Morales, y *Ríes bajo la lluvia*, de Juan Carlos Blanco García, "Carlos Be". Asimismo, el jurado consideró pertinente otorgar dos accésits. El primero de ellos a la obra titulada *Piel de cordero*, de Carlos Herrera Carmona. El segundo, a la obra *Punto de fuga*, de Agustín Luque Cambiasso.

Me detendré a continuación en cada una de las obras laureadas y en sus autorías, empezando por *Petipé*, primer premio de Teatro Breve, cuya autora, Paula Echalecu, es actriz, dramaturga, docente, gestora y directora de teatro, así como codirectora de Del Borde Teatro, con sede en Las Flores, provincia de Buenos Aires, y experta en dramaturgia escrita por y para mujeres, como avalan los reconocimientos obtenidos en este ámbito[1]. La obra ganadora recoge, en este sentido, su trayectoria como activista de las emociones socio-familiares de la mujer en entornos desfavorecidos. Petipé es el nombre que se le da a la protagonista, un personaje que conmueve desde el inicio de la historia que ella misma, mujer discapacitada, cuenta a lo largo de un intenso monólogo dramático no exento de ingenuidad fragmentaria desde el punto de visto narratológico, a veces incluso inconexo, dejando que sea el propio lector quien vaya hilvanando la trama hasta conocer en clave de narración,

---

1 Obtuvo el 2.º premio en el concurso Dramaturgias Escritas por Mujeres, organizado por el Instituto Nacional del Teatro; 1.ª Mención, 3.er Premio y 1.ª Mención en el Concurso del Cigomático Mayor 2021, 2022 y 2023, respectivamente; Mención Honorífica en el I Concurso Internacional de Dramaturgia para Mujeres "La Tempestad" (Chile); 1.er Premio en el Concurso Literario Encuentro en la Distancia; Accésit en el XXV Premio Internacional Julio Cortázar de Relato Breve de la Universidad de La Laguna (Canarias) 2023; Mención en el Concurso Nacional de Obras Teatrales Potencia y Política, organizado por la Dirección General de Cultura de la H. Cámara de Diputados.

con suspense incluido, lo acaecido, es decir, temas de actualidad como el rechazo, los abusos, el crimen…

Por otro lado, Antonio Miguel Morales y Carlos Be son los autores de las obras ganadoras, ex aequo, del Premio Teatro Mínimo. El primero posee una carrera ecléctica dentro del panorama de las letras, cultivando tanto el género dramático como el narrativo a lo largo de novelas y de textos poéticos[2]. Su obra *La niña del vestido blanco* nos acerca a una problemática profunda: el olvido de las grandes tragedias de la humanidad. El personaje central, narrador de la historia, desplaza la focalización de su discurso hacia un episodio del pasado que se entrecruza con el del presente. La niña corresponde al pretérito, momento histórico que el autor reivindica para denunciar el sufrimiento infligido a los niños y las niñas de la guerra civil española. El personaje que pivota entre pasado y presente, entre realidad e irrealidad temporal, sirve de esta manera de portavoz de una declaración de intenciones del escritor: rememorar la historia para no olvidar el sufrimiento de quienes la padecieron.

El segundo de los dramaturgos, Carlos Be, ha transitado por muy variadas facetas formadoras, como medicina, magia y teatro. Actualmente se dedica de lleno a la escritura teatral

---

2 Fue finalista del Certamen Romero Esteo con *Sulpicius*. Su drama *La ciénaga* (2016) aborda la problemática actual de los refugiados. *La milonga del destierro y los días azules* (2016) mereció el accésit del XI Premio El Espectáculo Teatral, y *Epifanía de la Marabunta* (2016) resultó finalista en el Certamen de Dramaturgias Emergentes convocado por LANAU. La AAT y la SGAE seleccionaron su monólogo *Ifigenia´s Rapsody* para formar parte de una muestra de la dramaturgia española contemporánea. Otras obras teatrales: *La verdadera identidad de Madame Duval* (2017), *Anatomía de un vencejo* (2018) y *La tragicomedia de los arcanos* (2021). Ha realizado incursiones en la narrativa (*El último tren de Carmen*), la poesía (*Olivarium*) y la literatura infantil (*Un mar de cuento* y *La sonrisa de la dama*).

con implicaciones sociales, como los derechos humanos, la salud y el cambio climático[3]. En su obra premiada, *Ríes bajo la lluvia*, trae a colación el recuerdo de un hombre enamorado y pone el acento en la huella que deja la soledad ante la pérdida de la persona amada, recuerdo esbozado sin concesiones gratuitas al drama, si no de manera cadenciosa, rescatando tanto las mejores sensaciones de la relación de pareja como su continuidad en el tiempo a través de su evocación.

En lo que respecta a los accésits, hay que empezar por señalar que su concesión da buena muestra de la calidad de las obras presentadas al Certamen y de la singladura profesional reconocida de sus autorías. Fuerza ser breve por razones de espacio, pero no ha de pasarse por alto, al menos, una referencia a la biografía como dramaturgos de los autores laureados. Me referiré en primera instancia a los accésits de la modalidad de Teatro Breve. En esta encontramos a José Luis Busto González[4], autor de la obra *Aversión*, cuya acción dramática transcurre en una sala claustrofóbica y, como el propio autor indica, de geometría exacta, que carece de cualquier textura o imperfección visible. En su dramaturgia se puede constatar su consumado talento como autor de piezas dramáticas dentro del actual panorama teatral español, al haber cosechado importantes premios, como el Lope de Vega,

---

3 Sus obras se han estrenado en Argentina, Bolivia, Chile, Colombia, Ecuador, España, Estados Unidos, Italia, México, Panamá, República Checa y Venezuela, y han sido traducidas al catalán, checo, eslovaco, español, gallego, griego, inglés, italiano, polaco, portugués, ucraniano y vasco.

4 Premio Marqués de Bradomín; Primer Premio en el Certamen de pintura rápida, performance e instalación de Infiesto; Asturias Joven de Textos Teatrales; Archidona de Poesía; y Jovellanos a la producción. Entre sus producciones más recientes se encuentran *Lo inevitable* y *El gesto imperceptible*, ambas estrenadas en el Teatro Palacio Valdés de Avilés, y la premiada en el presente Certamen.

por su obra *Lo inevitable*. También es director y cofundador de las compañías Teatro Ajenjo, La Materia Teatro y la Sala Itinerante Marsel Duxamp.

Al mismo nivel se halla el autor Juan García Larrondo, cuya obra, *Las versiones de Vibia*, es una pieza de corte histórico, ambientada en el antiguo Egipto, que cuenta con detalles eruditos que revelan un amplio conocimiento de la época señalada y de sus personajes. En su currículo destacan las facetas de escritor e historiador, habiéndose publicado buena parte de su creación teatral y habiendo obtenido, asimismo, diversos premios[5].

El segundo accésit, *Hipólita y Fedra*, correspondiente a Alejandro Nieto Cruz, nos propone un encuentro entre las dos

---

5 Entre ellos, el II Premio Internacional "Teatro Romano de Mérida" por *El Último Dios*, inspirado en pasajes de *Memorias de Adriano*, de Marguerite Yourcenar; el Primer Premio "Marqués de Bradomín" por *Mariquita aparece ahogada en una cesta*; el Segundo Premio de Teatro "Hermanos Machado" por *Noche de San Juan*; el VII Premio "Irreverentes" de Comedia por *Antífona a Santa Rita del colon irascible*; el IX Premio "El Espectáculo Teatral" por *Agosto en Buenos Aires*; o, en 2024, el 2.º Premio Internacional de Teatro Ciudad de Requena por su pieza *Lo mío no tiene nombre*. En 2012, su versión de la obra de Albert Camus *El estado de sitio*, galardonada con el Primer Premio "Alfred de Musset" de adaptaciones teatrales en 2018, sirvió para inaugurar los actos conmemorativos del Bicentenario de la Constitución de Cádiz; en 2013, fue elegido finalista del "Premio Andalucía de la Crítica" en su modalidad de Teatro por *Celeste Flora*, una de las piezas más conocidas y representadas de toda su carrera, galardonada también en San Sebastián, en 1994, con el II Premio Kutxa de Teatro; y en 2018 fue nominado al Premio Lorca de Teatro Andaluz como mejor autor teatral por su obra *Bendita Gloria*, publicada en Artezblai Editorial. Tras más de treinta años vinculado con el mundo escénico, Larrondo sigue compaginando su labor como dramaturgo con su afición hacia otros géneros como la Poesía o la Fotografía y, ocasionalmente, con su trabajo como guionista para series de televisión, aunque, hasta la fecha, ha sido a través de su producción dramática donde el autor ha recibido mayores reconocimientos.

mujeres que ocuparon la vida de Teseo, Hipólita, reina de las amazonas, su antigua esposa, y Fedra, aún princesa de Creta, antes de su matrimonio con el rey. Su autor ha destacado tanto en la faceta de escritor como en la de director, siendo notable su habilidad para adaptar clásicos, algo que pone de manifiesto igualmente en esta ocasión[6].

En lo que respecta a los accésits de la modalidad de Teatro Mínimo, haré mención, en primer lugar, de Carlos Herrera Carmona, primer accésit, por su obra *Piel de cordero*, donde una mujer se enfrenta consigo misma en un diálogo sobre la dependencia física y emocional, su pasado y sus vivencias, sujetas a una educación llena de concesiones al otro. El autor posee una amplia formación con diversas personalidades del mundo de la escena, como Fernando Arrabal, Roberto Quintana, Guillermo Heras, Itziar Pascual, entre otros nombres de relieve[7].

El segundo accésit corresponde a Agustín Luque Cambiasso por su obra *Punto de fuga*, donde ofrece una conversación aparentemente simple de una pareja que desentraña

---

6 Destaca, en este sentido, por obras como *Un enemigo del pueblo*, *Yerma* o *Antígona*.

7 Con su compañía Elsinor Teatro ha dirigido obras propias (*Barahúnda*, *El Incorrecto*, *Infectados*, *Bastardos* y *El perro muerde*) y de autores como Jordi Galcerán (*Palabras encadenadas*). Premios como el de Teatro Mínimo Rafael Guerrero con *Agnus Dei*, finalista del Romero Esteo con *Barahúnda*, ponencias, publicaciones, lecturas dramatizadas de sus monólogos en la Asociación de Autores y un largo tiempo ejerciendo la crítica teatral avalan su trayectoria. De su actual producción teatral en su etapa madrileña, hay que citar: *Trilogía acuática*, *Misericordia*, *Esperando el diluvio*, *El señor y la señora Pit*, *Sabina*, *La maldición de Mírtilo*, *En la tierra desnuda (Muerte y resurrección de Antonio Machado)*, *El águila seguirá su vuelo*, *Todo es nocturno*, *Prometeo*, *La purga* (traducida al francés), *Te odiaré si puedo*, *Por culpa de los tiempos* y *El tiempo no hace ruido* (Premio El Espectáculo Teatral 2023 y estrenada en mayo de 2024 por Elsinor Teatro).

en pocas líneas cuestiones tan trascendentales como la existencia humana, el devenir absurdo de nuestra sociedad de poses y posturas y la duda ante la procreación. Luque Cambiasso es también actor de la EMAD (Escuela Multidisciplinaria de Arte Dramático Margarita Xirgu), cursa actualmente Dramaturgia (EMAD-Udelar) y ha sido premiado por su dramaturgia y dirección con un Florencio Sánchez Revelación, otorgado por la Asociación de Críticos Teatrales del Uruguay[8].

Y llegamos de este modo y para concluir a las dos obras que cierran el volumen de esta edición, páginas de honor, dedicadas a José Moreno Arenas. Hemos leído frecuentemente a nuestro autor de referencia. Lo hemos visto, igualmente, escenificado a través de sus personajes en las tablas y en distintas lenguas. Sabemos, pues, que de quien hablamos se ha escrito en abundancia y para bien, que es considerado dramaturgo de primera fila, objeto de estudio dentro del panorama actual de las artes escénicas y del teatro como género. Por lo tanto, me ceñiré en mis comentarios a las dos piezas que aparecen en el libro, *La playa* –teatro breve– y *El okupa* –teatro mínimo–, tomándolas como modelos de su forma de concebir la dramaturgia tanto desde el punto de vista conceptual como formal.

---

8 Estrena su primer espectáculo en 2019, *Evidentemente o de la pedagogía del ser*, con el apoyo del Fondo Nacional de Teatro (COFONTE). Dirige *Las últimas cosas*, de Sebastián Calderón, en 2021, y *Polinomio irresuelto* (de su autoría) en 2022. Como actor participa en diversos espectáculos, entre los que destacan: *Sueños de otra noche de verano*, de la compañía de artes escénicas Implosivo, en el Espacio de Arte Contemporáneo (EAC); *Casamiento como alegoría del amor*, en el SODRE; y *Narcolepsia*, de Ailín Curbelo. Dirige la compañía Teatro Sin Fondo (TSF). Es docente de teatro y editor de la revista *Esétera*.

De la obra *La playa* dijo la erudita Eileen J. Doll, profesora del Departamento de Lenguas y Culturas en la Loyola University New Orleans, de Luisiana (Estados Unidos), en una conferencia titulada "La injusticia sociopolítica en la escena española contemporánea", pronunciada en 2019, que era "muy políticamente incorrecta"[9]. Este comentario nos sitúa de lleno frente a las dos puntas de lanza del objetivo de su autor: los temas de actualidad candente que aborda y su visión disidente con respecto a la norma establecida. Y así es, en efecto, lo que sucede en esta pieza. Por un lado, se trata de un tema recurrente en las noticias de nuestro país y del mundo, en general: la inmigración ilegal, la llegada de migrantes a las costas de un territorio ajeno y extranjero que en modo alguno los acoge –podría decirse más bien que "los recoge"–, connotación que aporta, a mi modo de ver, el mensaje que encierra la focalización que sobre el asunto hace Moreno Arenas. Y, por otro, la forma de decir el argumento, una estética que como en él es habitual se complace en los discursos rayanos en lo absurdo y en lo surreal por el uso frecuente de la ironía, como el hecho de que el protagonista, designado como "el bañista", apostille de forma reiterativa no ser racista, sin que por ello escatime todo tipo de descalificaciones contra los "no blancos" –gitanos, moros y negros–, como usurpadores –un tópico en nuestra sociedad y en otras– de lo que "nos pertenece".

La denuncia de Moreno Arenas, porque de eso se trata, de denunciar actitudes incoherentes, trasciende a la facilidad de olvidar que el español, que fue migrante años atrás y que también tuvo que hacerse un hueco en otra sociedad que no siempre lo acogió con agrado, se sintió humillado, excluido,

9 https://www.alboloteinformacion.com/CULTURA/estudio-de-la-playa-de-moreno-arenas

denigrado por su receloso anfitrión. En este sentido se expresa la profesora Susana Leticia Báez Ayala, de la Universidad Autónoma de Ciudad Juárez, cuando señala:

> Para el caso de *La playa*, la memoria de la colectividad puesta en boca del Bañista se caracteriza por el tercer aspecto señalado: el olvido. Uno de los aspectos relevantes en el tratamiento de la inmigración es que los peninsulares han olvidado muy prontamente que hasta los años sesenta, e incluso parte de los setenta, fueron un pueblo de inmigrantes. Y ahora que les toca ser receptores de este mismo acontecimiento se niegan a recordar el pasado inmediato[10].

La playa, por lo tanto, como tantas veces en la dramaturgia de Moreno Arenas, se viste de humor aparente, esboza sonrisas ancladas en estereotipos del lenguaje y el pensamiento del colectivo de nuestra sociedad para poner en tela de juicio, con profundidad y sin paliativos, la incoherencia entre un discurso impostado y una actitud arrogante.

Y esto enlaza con la otra obra, *El okupa*, con "k", en la que se aprecia desde el inicio, su título, una declaración de intenciones del dramaturgo, que recoge el guante tendido por el personaje femenino —la mujer—, protagonista de la historia, en clara señal de rebeldía contra el sistema, diríase reflejado en otro tema candente: ocupación indebida de la vivienda del otro. Pero aquí, luce fuertemente la figura retórica de la ironía, pues el okupa es el marido, que parece instalado en una vivienda en la que solo actúa la mujer, a su servicio. Okupa, pues, de la negación de actividad, okupa del tiempo del otro, okupa de las emociones de la mujer, para dedicarse, cual parásito social y familiar, a la inmovilidad más absoluta, cayendo en un rosario de actitudes machistas como espejo de conduc-

---

10 file:///C:/Users/Usuario/Downloads/Dialnet-LasFronterasDelRacismoEn
ElTeatroCriticoDeJoseMoren-5094938.pdf (p. 24).

tas que todavía necesita superar nuestro entorno doméstico y, por extensión, grupal –entiéndase, político y social–[11].

A Moreno Arenas se le debe, entre otras cosas, su rebeldía para con nuestro tiempo y, como ha comentado Adelardo Méndez Moya[12], su "humor brutal, ajeno a toda corrección política imperante, que nos divierte al tiempo que nos impulsa a reflexionar".

En ello estamos.

Rafael Ruiz Álvarez
Profesor de la Universidad de Granada,
dramaturgo y director de teatro

---

11 En su artículo "La construcción del personaje en las trilogías mínimas de José Moreno Arenas. Estudio de San Romerito, esposo virginal y ecologista perpetuo", Remedios Sánchez García señala: "La actitud de compromiso está siendo una tendencia cada vez más extendida entre los dramaturgos españoles, lo que ha supuesto una reinterpretación del teatro de corte social de los años sesenta en el que se revelan también, en muchos casos, las influencias del teatro europeo de vanguardia (Artaud, Brecht, especialmente). En esa búsqueda de nuevas formas de expresión de la crítica socio-política y económica para adaptarlas a la realidad contemporánea, se encuentra el granadino José Moreno Arenas (1954) quien, con sus personajes caricaturescos y bufos, trata de crear conciencia social buscando trasladar al teatro los conflictos más graves de la España de este tiempo (inmigración, explotación, xenofobia, machismo, etc.) indagando en los más bajos instintos de la condición humana desde una postura irónica". https://produccioncientifica. ugr.es/documentos/618f57a39ff8c939aacc1bb3?lang=en

12 https://academiadebuenasletrasdegranada.org/wp-content/uploads/2023/02/ Boleti%CC%81n-Nu%CC%81mero-19-Julio-Diciembre-2022.pdf

Modalidad de Teatro Breve

Modalidad de Teatro Breve: Premio

Petipé

de

Paula Echalecu

Petipé

PERSONAJE

PETIPÉ

Sala de espera en una dependencia de la justicia. Ingresa Petipé, mujer de 51 años con síndrome de Down. Trae un ramito de flores y una carterita en la mano. Lleva puesto un vestido muy amplio, lleno de volados, con bolsillos. Su cuerpo se mueve permanentemente. El tono actoral es clownesco.

PETIPÉ.–*(Entrando. Hacia el lugar de donde viene.)* Ufa, che. Mis cosas son mis cosas. ¡Y no te las doy! ¡Qué tanto! Quedate acá. Sentate ahí. Poné la firma acá. ¡Qué pesados!

> *Observa el lugar. Registra al público.*

Hola.

> *Tiempo.*

(Hacia afuera.) Hay mucha gente acá. ¿Cuánto voy a tener que esperar? *(No le responden.)* ¡Ufaaaa!

> *Tiempo.*
> *Hace ruidos con su boca, mueve su cuerpo en señal de incómoda e impaciente espera.*
> *Como si alguien se lo ordenara, se sienta en una de las sillas.*

Bueno, no me griten.

> *Tiempo.*
> *Arranca pétalos de algunas de las flores de su ramo.*

(Al público.) ¿Le duele a la flor que le arr-arranquen los pétalos?

Tiempo.

Un poco de pena me da. Pero no mucha.

Ríe con cierta malicia.

La mamá dice que no es así… Que la flor no siente nada.
Y como Petipé siempre le hace caso a la mamá…

Tiempo.

(Como si alguien del público quisiera arrebatarle las flores.) ¡Nop!
Son para mi mamá.

Tiempo.

Yo la quiero mucho a mi mamá. No es cierto lo que dicen.

Busca por los rincones del espacio.

(En secreto, a alguien supuestamente escondido por ahí.) Mamá.
Ma. Mami. ¿Estás ahí? Ma.
(A alguien del público.) ¡Shhh! ¿Qué se mete usted? ¡Qué
cosa!
(Nuevamente a alguien escondido.) Mami. ¿Este te está peleando?

Pausita.

(A la persona del público.) ¡No la pelees a mi mamá! ¡Mirá que
yo tengo mucha fuerza en los dedos de la mano, eh!…

Esto último lo dice mientras hace un gesto de ahorca-
miento con sus manos.

Tengo poderes yo.

Ve que las personas a las que les ha estado hablando
supuestamente se retiran del recinto.

¿Adónde se van? Ey. Che. ¿Puedo ir yo también?

No le responden.

Ey. ¿No puedo? ¡Qué mala onda!

Se ensombrece.
Ha quedado sola.
Busca en el aire.

¿Mami?

Nadie le responde.
Tiempito.

(Hacia afuera.) ¿Me van a dar la merienda acá?

Tampoco llega esta respuesta.

¿Falta mucho? Porque yo me tengo que ir a "tarabajar"
al taller…

Pausita.
Alguien ingresa supuestamente al recinto.

Hola.

Su nuevo interlocutor no le responderá en ningún momento.

¿Sabés si me van a dar la merienda? Porque yo me tengo que ir al taller.

Pausita.

Yo "tarabajo" en el taller. ¿Vos "tarabajás"?

Pausita.

Hay que ser muy, muy, muy "tarabajadora". La mamá siempre me lo repite y Petipé lo anotó en su cu-cua-"cuderno".

Saca un cuaderno. Lo abre y lee.

"'Tarabajar'. Hay que 'tarabajar' mucho mucho mucho para ser alguien en la vida".
Si "tarabajás", podés vivir. Podés… comprarte figuritas, ir a zumba… y comer chipá… porque te lo pagás con tu propia plata.
La mamá dice que, en la vida, hay que "tarabajar" mucho para ser alguien.
Pero Petipé no es alguien. *(Como algo obvio, se ríe.)* Petipé es Petipé.
Así que Petipé "tarabaja"… para comprar chipá.
(Asume la voz de su madre.) Y eso está mal.

Anota en el cuaderno, con la mano izquierda.

(Repite lo que escribe.) "No ser tan…".

De repente, se pega en la mano izquierda con su mano derecha.

(Habla a su mano izquierda.) ¡Nop! ¡Nop! ¡Siempre, siempre, siempre debes escribir con la mano derecha! ¿Oíste? De-re-cha.

Toma el lápiz con la derecha y escribe con dificultad. Mientras escribe, va repitiendo en voz alta.

"…Petipé".

Relee lo que escribió.

"No ser tan Petipé".

Se despersonaliza y asume la voz de alguien más.

Qué letra horrible tienes, Petipé. Fea, fea, fea. Hay que "tarabajar" mucho, mucho, mucho para que esa letra sea aceptable. ¿Oíste, Petipé?

Vuelve a ser ella. Harta.

Sí, sí, oí. Ya está.

Tiempo. Se mueve ansiosa.

(A su interlocutor.) Voy todos los días al ce-"centerio" yo. Ya me aprendí los nombres de 34 muertos. Los muertos no hablan. No re-respiran. No se mueven. Aunque vos les digas: "¡Eh! ¡Che! ¡Levantate! ¡Déjate de hinchar, che!". No se mueven. Están ahí. Vos podés pegarles, eh… ¡Y no se mueven! Si vos le pegás un tiro a alguien, con un "regolver", se muere.

Tiempo.

No sé por qué me trajeron acá. ¡Yo no hice nada! ¡Es mentira lo que dicen!

Deshoja flores.
Tiempo.

Petipé sabe que los niños van al cielo siempre, siempre, siempre. Porque, a veces, los niños se mueren. ¿Sabías? Aunque son niños, chiquititos, bebés… se pueden morir… Pero van al cielo. Porque los niños no son malos nunca. Nunca jamás.

Tiempo.
Se mueve por el espacio.
Se acerca a esa persona y le habla, amistosamente.

Yo estoy buscando a una bebé.

Se vuelve a despersonalizar.

¡Shhh! Petipé no tiene que hablar de eso jamás. ¿Oyó?

Mira para todos lados. Luego mira paranoica a su interlocutor.
Tiempo.

(Hacia una habitación contigua.) ¿Me van a dar la merienda acá? *(A su interlocutor.)* Si no como mi merienda, me puedo morir. Las personas como yo debemos tener una ali-alim-mentación saludable. Debemos comer ba-lan-cea-do: cer-cere-ales "intregrales", tu-tub-bénculos, almidones, verdura, frutas, prote-ínas, lác-lateos y aceites o grasas satu-tu-suradas. Nunca, nunca, nunca debemos comer comida con oc... otoco... otocógonos.

Tiempito.

Bueno, a veces se puede.

Espera respuesta. No llega.

(Hacia fuera de escena.) Hola. ¿Me van a dar la merienda? Mirá que me muero... Me muero, eh...

Tiempito. Espera respuesta que no llega.

¿Y si me muero? También me puedo enfermar... ¿Y? ¿Eh? ¿Y si me enfermo? ¿De quién es la culpa, eh? *(Asumiendo la voz de su madre, quizá.)* ¿Quién se va a res-res-ponsalizar de Petipé cuando la mamá está muerta, eh?

Pausita. De repente, recuerda algo. Saca el cuaderno y lo abre. Muestra una foto que está pegada en el cuaderno. Se ve una chica rubia, vestida de rosa.

(Al público, como si respondiera la pregunta anterior.) Mónica.
La mamá mía y la mamá de Mónica son muy, muy, muy
amigas…
La mamá mía limpiaba la casa de la mamá de Mónica
y la querían mucho, mucho, mucho. La dejaba limpita,
limpita, limpita. Si no "birillaba", la mamá de Mónica se
ponía triste. Así que la mamá mía limpiaba y limpiaba
y limpiaba, para que la mamá de Mónica no se pusiera
mal, pobrecita.
Mónica es her-mosa. Rubia, flaquita, con dientes blan-
quitos. Y es muuuyyy buena.
Cuando Petipé era chiquita, Mónica también era chiquita.
La mamá siempre me decía: Petipé, vos tenés que ser
como Mónica. Linda. ¿Ves? Mónica es linda. ¿Ves, Petipé? Así que vos te tenés que es-es-for-zar para ser así.
Petipé anotó en su cu-cuader-no… *(Va a anotar con la izquierda, pero antes de hacerlo se da cuenta y lo hace con la derecha.)*
Ser linda como Mónica.
La mamá siempre me ens-en-se-eñaba a ser buena.
Yo la quiero mucho a mi mamá.
No es cierto eso que dicen.

   Tiempo.

(A su interlocutor.) ¿No me van a dar la merienda, entonces?

   Tiempo.

¿Para qué me trajeron acá? ¿Vos sabés para qué me trajeron acá?

Me dijeron que me van a meter en un "calapozo", que es una casita chiquitita, chiquitita, chiquitita con un ino-in-o-doro y una camita. Y que no tiene ventana, me dijeron.
Horrible.
(Asume la voz de alguien.) Porque sos mala, Petipé.

> *Tiempito.*

(A su interlocutor, en secreto.) ¿A vos te van a meter en un "calapozo"? ¿Vos también hablaste con la señora esa que tiene cara de mala? Esa que está ahí afuera. ¿La viste? Es malísima. ¿A vos también te quiso sacar la mochila?

> *Tiempito.*

Y después vino Laura, y me trajo un helado de palito. ¿Vos la conocés a Laura?

> *Tiempito.*

Petipé no puede comer helado de palito. Porque el helado de palito tiene muchos oto... oc... ocógonos.
Laura me dijo *(La imita exagerando.)* ¡¿Qué hiciste, Petipé?!
Nada. Yo no hice nada. No es cierto lo que dicen.

> *Tiempo. Pasea por el recinto.*
> *Lee una placa en una puerta.*

Juz-ga-do de m- de me-me-no-res. ¿Vos sos menor? Yo ya tengo cincuenta y un años. Ya soy grande yo.

Ahora tengo los pelos así, blan-blanquitos. Pero yo tenía los pelitos negros. No eran rubios como los de Mónica. Mónica es linda. Petipé no.

Tiempo.

¿Sabés por qué estoy yo acá?
¿Sabés si es por lo de la cajita?

Tiempo.

Ufa. No sabés nada vos.
La mamá la estaba guar-guar-dando arriba del ap-ap-ap-ar-ador de la cocina y Petipé la vio. No dijo nada porque la mamá no quería que Petipé ande espiando.

Tiempo.

El domingo no pudimos ir a la misa porque la mamá tuvo que ir a "tarabajar" a lo de la mamá de Mónica y Petipé se quedó solita, con papá Horacio.

Se ensombrece.

¿Vos tenés papá y mamá?

Tiempo. Mira sus pies. Se abstrae.

A la plaza me llevaba siempre la mamá y me decía: "Si viene Mónica, tú te a-a-cercas para jugar con ella. Pero, si Mónica llora, tú te echas la culpa. Si se ens-ens-ucia, culpa tuya. Si se las-tima, culpa tuya. Si le duele la panza, culpa tuya".

Petipé quería jugar con Mónica. Y Mónica quería jugar con Marito.

La mamá de Mónica y la mamá mía es-taban ahí. La mamá de Mónica se sentaba en un banquito. Pero antes, antes, antes, la mamá mía le limpiaba con un "tarapito" y le ponía un "almodoncito". La mamá de Mónica se sentaba sobre el "almodoncito" y la mamá mía no. Se quedaba paradita al costado y miraba todo.

Cuando Mónica me mordía, la mamá mía decía: "Peti-pé, eres bruta". Y me pegaba una cachetada para que me portara muy muy muy bien.

Petipé escribió en su cua-cuader-no: *(Escribe con la izquierda.)* "Es muy importante que Petipé no sea bruta, para que Mónica no muerda a Petipé".

Petipé también quería jugar con Marito. Pero Marito no quería jugar con Petipé.

La mamá me explicó que era porque Petipé no era linda como Mónica y los niños va-va-rones quieren jugar "somente, somente, somente", con las niñas bonitas como Mónica.

Así que… Así que, Petipé "tarabajó" mucho, mucho, mucho, para ser bonita.

> *Saca de algún bolsillo, una muñequita que está vestida igual que ella, con el rostro y el cuerpo pintados con fibrón negro, como si hubiera sido vandalizada. Como dando una lección oral, señala en la muñeca y le habla a ella, ensimismada.*

Pro-prob-blemas a mejorar.
Pelito.
Altura.

"Godura".
Man-ma-neras que no son de señorita.
Petipé debe: teñirse el cabello y tenerlo largo, largo, largo. Ad-a-d-elgazar un montón de kilos y ser flaquita, flaquita, flaquita. Crecer. Hablar como señorita, move-rse como señorita, pensar como señorita, *(Comienza a enfurecerse.)* cocinar, limpiar, caminar, mirar, sonreír, actuar… ser toda, toda, toda, diferente. ¿Me entendió? *(Termina esta frase gritando.)*
(Violenta.) Y escribir con la mano derecha.
¡Qué cosa, che!
(Abandona repentinamente su actitud violenta.) Para poder ser como Mónica.

> *Saca otra muñeca, una Barbie rubia, y la pone sobre alguna mesita.*
> *Saca una cajita de música de su carterita. La abre. Suena la música de la cajita.*

Para poder cuidar de su propio bebé, *(Saca un muñequito-bebé y lo pone junto a la muñeca que representa a Mónica.)* cuando sea una señorita de verdad y pueda cuidar a su propio bebé, cuando tenga novio de ella. No novio de Mónica. No. Ese novio no es de Petipé. *(Vuelve a enfurecerse.)* Y Petipé es sucia, sucia, sucia, mala, mala, mala. Petipé tiene que tener SU propio novio si quiere tener su propio bebé. ¿O no?

> *Pausa.*

¡Qué cosa, che!

Saca un muñeco Ken de otro bolsillo. El muñeco está desnudo y en la zona genital está rayado con fibrón negro. Lo mira, lo acaricia y lo sostiene en la mano.
Hasta acá ha estado ensimismada.
De repente, recuerda la presencia de su interlocutor y le habla.

Patricio.

Coloca al muñeco que representa a Patricio junto a los muñecos que representan a Mónica y el bebé. La muñeca que representa a Petipé está alejada de los otros muñecos, quizá quedó tirada en el piso. Los otros muñecos forman la imagen de una familia ideal.
Tiempo muy largo.

Petipé no hizo nada. Nada. Nada. Estaba sentadita, nomás. Con la ro-rop-pita limpia porque era domingo y había misa.
Se había ido para atrás de la iglesia porque el padre Ignacio le dijo a Petipé: "Petipé, vete. Vete para allá, que hay unos gatitos bebés muy bonitos. Vete, Petipé. Vete a verlos". Y Petipé fue... y no los en-en-contraba.
Entonces, se sentó en un banco que hay por allá, atrás de la iglesia. A esperar los gatitos.
Y de repente vino Pa-tri-cio, el marido de Mónica.

Va hacia la zona de los muñecos. Le da cuerda a la cajita de música, la sostiene entre sus manos. Se queda mirándola y escuchándola, alejándose de la familia de muñecos.

(A su interlocutor.) ¿Vos sabés si me van a meter en un calapozo por tener las tetas grandes?

Tiempo.

Patricio es muy fuerte y Petipé no.
Petipé no es fuerte. Es tonta, horrible y mala.
Y muy débil. Por eso no pudo… de-fe-nderse.
(Asume la voz de alguien que la acusa. Va hacia la muñequita que la representa. La increpa.) Eso no es verdad… Si usted hubiera querido, se hubiera defendido. Si no, ¿por qué no usó las manos, por ejemplo, como con la mamá?
(Ahorca a la muñeca que la representa.) ¡Lo podría haber ahorcado a Patricio con su súper poder! ¿O no?

Tiempo.

(A su interlocutor.) Petipé es tonta, horrible y mala.
Algo habrá hecho para que Patricio hiciera eso.
Seguramente.
(Asume el rol de su madre.) ¡Y ahora el bebé se va a morir!
¡Por tu culpa, Petipé!

Tiempo.

(Chismosa. A su interlocutor.) Papá Horacio se puso… furioso.
(Asume la voz de Horacio.) ¡Es tu hija, yo no quiero saber nada con todo esto! Bla, bla, bla, bla, bla…
Y la mamá lloraba.
(Asume la voz de su madre.) Me voy a quedar sola por tu culpa, Petipé. Te das cuenta, ¿no? ¿Qué vamos a hacer ahora? ¿Eh?

Tiempo.

(Hacia afuera de la sala.) ¿Y la merienda?

Tiempito.

(Susurra, como si repasara lo que va a decir luego.) El domingo no pu-pu-dimos ir a la misa porque la mamá tuvo que ir a trabajar a lo de la mamá de Mónica y Petipé se quedó solita, con papá Horacio.
(Ahora repite en voz alta, a su interlocutor.) El domingo no pu-pu-dimos ir a la misa porque la mamá tuvo que ir a trabajar a lo de la mamá de Mónica y Petipé se quedó solita, con papá Horacio.
(Chismosa.) Por ahí, papá Horacio a-a-garró la valija que estaba sobre el ropero y empezó a guardar la ropa de él. Calz-cal-zoncillos, remeras, camisas, el pu-pulóver marrón, zapatos, hasta la malla… Y le dijo a Patipé: "Cuando venga tu madre, decile que me fui".
Entonces, Petipé se subió a la silla y agarró la cajita.
¡Qué cosa! Nunca le hace caso a la mamá.

Tiempo.

La cajita no era muy grande. Más o menos así. *(Hace un ademán, señalando un tamaño como de 20 centímetros.)* Entraba justito, justito, justito el "rególver".

> *Pausa. Se da cuenta que metió la pata. Detiene lo que estaba diciendo y decide cambiar de tema, alejándose de su interlocutor.*

Las personas como yo debemos comer ba-lan-cea-do:
ce-cer-reales integrales, tu-t-tu-bérculos, al-al-midones,
verdu-ra, frutas, pro-pro-pro-teínas, lác-teos y aceites o
grasas satu-sa-turadas.
Si no merendamos, nos podemos morir.
Y también se pueden morir nuestros padres. ¡¿Y
quién se hace cargo de nosotros si se mueren los
padres?!

Pausita.

Entonces… no me van a dar la merienda.

Pausita.
Saca un pan de un bolsillo.

No importa. Me robé un pan en el taller. ¡Shhhh!

Come.
Comienza a reírse.

La abuela de mi mamá siempre se ro-baba un pan. Y lo
tenía en el bol-bol-sillo del de-de-delantal ese que usaba.
Era una viejita muy muy muy viejita. Flaquita, flaquita,
flaquita. Y tenía como cien años.
Petipé la iba a visitar, pero la casa tenía un olor horrible.
No sé de qué era el olor, pero era feo, feo, feo.
Angustina se llamaba. Era la bis-bis-nonna. Y era mala,
mala, mala.
Nunca, nunca quiso darle un beso a Petipé.
Mejor. A Petipé le daba miedo la cara arrugada de la bis-
nonna.

Pero, cuando los demás se iban afuera a ver los tomates de la huerta, o los chanchos, o las gallinas, Angustina le decía: *(La imita, con acento italiano.)* "¡Resta con me, Petipé. Fami com-com-pañía!". Y Petipé se tenía que quedar ahí adentro. Mie-mien-ntras los demás estaban afuera, Petipé adentro. Y ahí la viejita em-pezaba:

(La imita.) "¡Psssss! Vai, tráeme bi-bica-carbopato en un vaso con acqua".

Y ahí tenía que ir a buscar "carbopato". Y poner el "carbopato". Y revolver el "carpato". Y la viejita se lo tomaba y empezaba a eructar como un chancho. *(Se ríe. Eructa y la imita.)* "¡Ahhhh! La pasta con pesto non mi fa bene. Vo no tené que comer jamá pasta con pesto. No tené que comer, vo. Porque está gordita. Y las gorditas son todas putanas".

Y después em-em-pezaba… *(Se persigna repetidas veces y la imita.)* "Santo Cristo de Dios en-carnado espíritu santo amén, que la niña esta mecore un poco porque encima que es bastante estúpida, está gorda y fea, va a ser una puttana. Amén".

La mamá no me dejaba explicarle a la bis-nonna que yo no estaba gordita porque así como así. Que era culpa de Patricio que Petipé estaba con la panza grandota.

Pero no importaba porque la bisnonna nunca creía nada de lo que Petipé le decía.

No le creyó cuando le dijo que no había sido la que le robó los huevos de gallina.

No le creyó cuando papá Horacio le bajó la bom-bachita a Petipé.

No le creyó cuando la mamá le mandó a avisarle que llamaran la "ampulancia", porque a papá Horacio le habían pegado un tiro…

No le creía nunca nada, nada, nada.
Así que Petipé no le dijo nada.
Se quedó calladita nomás.
Y papá Horacio se murió.

Tiempito. Come pan.

Y la vieja decía…
(La imita.) "Cuando un hombre está ca-ca-liente, vo tené
que hacer como si nada. Abrís la galleta, que él se des-
quite nomá y después vas y te lavás ahí. Y listo. ¡Finito!".
Así que, cuando Patricio se desquitó con la galleta de
Petipé, Petipé se lavó, bien lavadita. Y no dijo nada.
Y cuando nació la bebé, Petipé, que había quedado toda
sucia, se lavó la galleta bien lavadita. Y no dijo nada.
Y cuando el cura se llevó la bebé y no la dejó verla nunca más, porque la bebé se había muerto… Se calló la
boquita y no dijo nada.

Tiempo. Come.
Saca de algún bolsillo un reloj. Lo mira.

Las cinco y tres minutos. ¡Si no tomo la merienda antes
de las cinco y cuarto, me puedo morir, eh!
Café con leche con dos "cuchaditas" de café y tres de
azúcar. Y la leche un minuto y diez segundos en el "mi-
cronondas".
Primero lo soplo y después lo tomo.
Tres tostadas. Dos con queso y una con miel. Si no hay
miel, con "melada".

Tiempo.

¿Sabías que los muertos no hablan? No respiran. No se mueven. Aunque vos les digas: "¡Eh! ¡Che! ¡Levantate! ¡Déjate de hinchar, che!". No se mueven. Están ahí. Vos podés pegarles, eh… ¡Y no se mueven!
Si vos le pegás un tiro a alguien con un "regolver", se muere.
Y si le apretás fuerte, fuerte, fuerte la garganta, también se muere.
Y no se despierta más.
Y después, viene la policía y te meten en un "calapozo".

Tiempito.

(Hacia otra habitación.) ¿Cuándo me puedo ir a mi casa? Tengo que tomar la leche yo. Y después tengo que ir al taller.

Espera respuesta que no llega.

¿Para qué me trajeron acá?

Espera respuesta que no llega.

(A su interlocutor.) ¿Vos también estás esperando, como yo? ¿A vos te van a meter en un "calapozo"?

Tiempito.

¿A vos Laura te trajo un helado de palito? A mí me trajo. Pero no lo comí, porque no tengo que estar gordita, para poder tener a mi propio bebé, como Mónica, ¿ves? *(Señala el grupo familiar formado por los muñecos.)*

Vuelve a dar cuerda a la cajita de música.

¿A vos te gusta la música de mi cajita?
Esta cajita me la regaló mi mamá para los 15. No me hicieron fiesta porque estaba con la panza muy grandota y la mamá dijo que la gente se iba a reír.
Cuando nació la bebé, la doctora me lo dejó tener un ratito, y Petipé le dio la teta a la bebé.

Toma el bebé-muñeco, lo acaricia.
Tiempo.
Se ríe.
Pone al bebé-muñeco en su pecho, como si lo amamantara.
Tiempo.

Me hacía cosquillas en las tetitas.
Estaba re-bueno. *(Suspira gimiendo.)* ¡Ah!

Pausita.

Patricio no. Patricio me hacía doler.
Pero la bebé... ¡Ah! Era hermosa.

Tiempito.

Tenía el pelito negrito, como Petipé.
Y los piecitos eran chiquititos, chiquititos, chiquititos.

Tiempo, mira y acaricia al bebé-muñeco.

Después, el cura se llevó a la bebé, porque Petipé no podía quedarse con la bebé, porque era pecado.

Y después, la bebé se murió.
Y a Petipé le seguía saliendo leche de las tetas. Así que vino un doctor y le puso una inye-in-"insesión". Y le dolió mucho. Pero la leche no salió más.

Tiempito. Se ensombrece.

Y ese día, en el "san-sa-na-corio", también nació la bebé de Mónica. Pero Petipé no la vio, porque estaba operada de la panza y no se tenía que mover.

Tiempo.
Cambia la energía. Vuelve a agarrar la muñequita que la representa. La abraza, como si la consolara.

Así que Petipé se arregló el pelito y rezó mucho, mucho, mucho, para que Dios la hiciera crecer y ponerse flaquita.
Y Petipé aprendió a decir palabras de señorita.
¿Vos sabés decir palabras de señorita? Yo sí. Sé decir palabras de señorita: "Porfis, mal-"maltendido", literal, qué barbarba-"barbadidad", obviamente…" y otras más. Mi mamá me anotó como cinco palabras más en mi "cuderno".
También yo sé hacer la mirada de señorita. ¿Vos sabés? Yo sí. Mirá.

Hace una mirada grotesca.

Y también aprendí a caminar como señorita. Que es re-difícil. Mirá.

Camina grotescamente.

¿Y a pensar como señorita? ¿Vos sabés pensar como señorita? Yo aprendí re-bien. Ahora pienso cosas como que lo más impo-importante de todo… ¿qué es? *(Obvia.)* ¡Que el pelo no tenga frizz!
Porque así, cuando sea una señorita de verdad, Petipé va a poder tener marido y tener a su propio bebé, no la bebé de Mónica. No. Bebé de Petipé.

Deja el bebé-muñeco junto a la muñeca-Mónica.
Tiempito.

(Como si su interlocutor le hubiese pedido que se calle.) Sí, está bien. Me callo. Perdón.

Pausita.

Hablo mucho yo. La si.. la "sicógola" del hogar me dijo que tengo que tratar de no hablar.

Pausita.

¡Qué calor, ¿no?!

Pausita.

Ahora yo estoy buscando a mi bebé. Porque la mamá, antes de morirse, le dijo a Petipé que era mentira que la bebé estaba muerta. ¡Y Petipé se pasó años yendo al ce-"centerio" a buscar la bebé y resulta que ahora no estaba muerta!
¡¿Y la mamá lo sabía?! ¡¿Y por qué no le había dicho nada a Petipé?!

(Chismosa.) Petipé se enojó… ¡Muchísimo! ¡Se puso furiosa! Y la mamá le pidió perdón, pero Petipé no la podía ni escuchar de lo furiosa que estaba.

Tiempito.

Trein-"trentaseis" años tiene ahora mi bebé. Ya es grande.
Acá, la señora con cara de mala me dijo que tengo derecho a quedarme callada. Como la si-sicógola. ¿Por qué? A mí no me gusta nada quedarme callada. Yo quiero tener derecho a hablar todo lo que quiero. Pero la si-cógola me dijo que mejor para mí estar calladita.

Tiempito. Camina por el espacio. Lee otra placa.

Mo-Mor-gue-judi-ju-di-cial.
Acá es donde ponen los muertos. ¿Sabías?
Ahí debe estar papá Horacio. ¿No? Porque a papá Horacio todavía no lo pudieron en-enterrar y la mamá me dijo que lo habían puesto en una morgue. ¿Sabías? Porque tienen que in-"intestiguar".
A la mamá sí. La mamá está en el "cemen-centerio".
¿Vos también tenés derecho a quedarte callada?
Yo sí. Pero pre-fiero tener derecho a hablar.
Y también quiero tener derecho a encontrar a mi bebé que está viva. Y que el cura se la llevó y después él se fue del pueblo. Así que ahora yo quiero tener der-echo a encontrar al cura para que me diga dónde está mi bebé.
¡Y también quiero tener derecho a mi merienda!
Porque si no, me voy a enfermar. ¡¿Y quién cuida a Petipé,

ahora que su mamá y su papá Horacio están muertos y no respiran y no se mueven y no hacen nada?! ¡¿Eh?!

Tiempito.

(Reaccionando a un gesto o actitud de su interlocutor.) ¡Ey! ¿Qué pasó? ¿Por qué llorás? ¿A vos también se te murieron tus papás? ¿Querés que te dé mi helado de palito? ¿Querés que me quede calladita, así no te molesto?

Tiempito.

Bueno. Me quedo calladita.

Tiempito. Incomodidad.

(Como repasando lo que va a decir luego, susurra.) Laura me trajo un helado de palito. Pero eso no es buen alimento. Las personas como yo tenemos que comer sano si no queremos morirnos.
(Ahora lo dice en voz alta.) Laura me trajo un helado de palito. Pero eso no es buen alimento. Las personas como yo tenemos que comer sano si no queremos morirnos. Ahora, cuando venga Laura, le voy a decir que me tiene que traer un café con leche con tostadas. Dos con queso y una con miel. Si no hay miel, con "melada". Que no se desubique así, porque yo me puedo morir. ¡Obviamente!

Tiempo.

Si querés, le digo que te traiga a vos también, así no te ponés mal. ¿Querés?

Tiempito.

Esa señora con cara de mala me quiere meter en un "calapozo" si no me quedo callada. Así que vos, cuando venga acá, decí que yo estuve calladita, ¿sí? Calladita, calladita. Y listo. Así me voy, que me tengo que ir al taller a "tarabajar" yo. Y a tomar la merienda.

Tiempito.

Hay que "tarabajar" mucho mucho mucho para ser alguien en la vida. ¿Sabés?
Si "tarabajás", podés vivir. Podés… comprarte figuritas, ir a zumba… y comer chipá… porque te lo pagás con tu propia plata.
Así que Petipé "tarabaja"… para comprar chipá.
Y la mamá le dice que el chipá no es alimento. Pero bueno, la mamá está muerta, así que Petipé puede comer chipá.
(Asume la voz de alguien.) ¡Y ahora Dios te va a castigar!
¿Vos sabés que las personas, cuando mueren, ven todo, todo, todo, lo que vos hacés, lo que vos pensás, lo que vos decís… todo ven, desde el cielo?
Sí. Igual que Dios. Cuando te morís, te tra-trans-formás en un ángel, te crecen alas blancas y te sacás toda la ropa, la quemás y te vestís con un camisón blanco largo, largo, largo hasta el piso. Y vivís en el cielo. Y ves todo lo que pasa en la Tierra.

Ahora, mientras nosotros charlamos acá, mi mamá ve todo. Y Dios también. Así que no digas mentiras, porque Dios y mi mamá escuchan todo. Y papá Horacio también. Y te van a castigar.

Pausita.

¿No?
Pero no te preocupes porque por ahí se olvidan. ¿No?
Porque es mucho "tarabajo" estar muerto.
A mí, papá Horacio no me castigó, así que…

Tiempito.

Mi maestra se olvidaba de castigarme. Siempre decía: "Petipé, ¡qué barbaridad! ¡Ya vas a ver!". Y después se olvidaba y no pasaba nada.
Petipé iba a la escuela con un "guapolvo" blanco, blanco, blanco. La mamá la llevaba en bicicleta.
Al lado de mi casa, había una escuela a la que iba Mónica. Pero Petipé no podía ir a esa escuela. Porque Petipé iba a una escuela es-pa-cial.
En la escuela "pacial" había una maestra de música que siempre le decía "Petipé, no toques el piano. Petipé, no toques la flauta. Petipé, no toques la guitarra. Petipé, tocá el toc toc".
Toc. Toc. Toc. Petipé se aburría tocando el toc toc. Porque el toc toc es "burridísimo".
Entonces, un día, Petipé le escondió el toc toc a la maestra de música. Lo escondió adentro de la guitarra. *(Risas.)*
La maestra le dijo a la mamá, y la mamá se enojó con Petipé y dijo: "Petipé, no sirves para nada. Eres una retrasada".

Tiempo largo. Eso le dolió.
Se recompone. Va a algún rincón.

(Tratando de no ser oída por su interlocutor.) ¿Mamá? ¿Mami?
¿Estás ahí? ¿Seguís enojada con Petipé?

Tiempo. A su interlocutor.

A los tres meses que el papá murió, la mamá también
murió. Igualita que el papá.
"Se quitó la vida", le dijeron a Petipé, "porque vos eras
una carga muy muy muy pesada, Petipé".
(Reflexionando.) Petipé está muy pesada. Se va a tener que
poner a dieta. ¡Mirá lo que le hizo a la mamá!

Tiempo.

Petipé se fue a ir a vivir al hogar. Porque tiene carnet
de "dis-cap-acidad". Entonces puede vivir en el hogar.
¿Vos conocés el hogar?
Es lindo. Y me dejan ir al "centerio" a visitar a la mamá.
Antes de irse al hogar, Petipé encontró la carta que la
mamá le dejó en la cajita.

Tiempo. Mira para todos lados, cuidando que nadie la
vea. Toma nuevamente la cajita de música y se la mues-
tra a su interlocutor.

Esta es la cajita. No es la misma que la del "rególver".
Esa era más grande. Pero después de que papá Horacio
se murió, esa cajita desapareció. Y la mamá me dijo que
no dijera nada. ¡Shhhh! La mamá agarró el "rególver" y

la cajita, y los llevó lejos, lejos, lejos. Y nadie sabe quién le pegó un tiro al papá Horacio.
Pero la mamá, agarró esta cajita y la puso arriba del "parador". En el mismo lugar donde había guardado la otra. Y le dijo a Petipé que, si a ella le pasaba algo, tenía que abrir la cajita.

Tiempito.

Yo pensé que iba a encontrar a mi bebé. Pero no. Había una cartita de la mamá y un frasquito, que no podía abrir hasta estar en el "centerio", el día del cumpleaños de la bebé. Porque hoy es el cumpleaños de mi bebé. "Tre-trenta" y seis años cumple hoy. Por eso, hoy Petipé tenía que abrir la cajita. Y se puso este vestidito. Para la fiesta.

El interlocutor se retira del espacio. Lo mira irse.

¿Adónde te vas? ¿Te vas al calapozo?
¡Ey! Che. A vos te hablo, male-"malducado".

Tiempo largo. Vuelve a conectar con la realidad del espacio en el que se encuentra, ahora completamente sola. Lo recorre. Se ensombrece.

(Para sí.) ¿Esta gente no me piensa traer la merienda, digo yo?
¿Qué se piensan? ¿Primero me dicen que me tengo que quedar callada y ahora me tienen muerta de hambre?
Yo no estaba haciendo nada. No sé por qué me trajeron acá.

Tiempito.

(Buscando en el aire.) ¿Mamá? Me estás viendo, ¿no? ¿Está bien si no estamos en el "centerio"?

Escucha una supuesta respuesta de la madre.

Okey.
Traje las flores, todo.

Como si la madre le pidiera que abra la caja, se dispone a hacerlo.

Bueno.

Abre la cajita de música y esta empieza a sonar.

Bien. *(Escucha a la madre.)* Está bien. Acá están.

Saca una carta de la caja. Escucha la orden de leer, que supuestamente le da su madre, y comienza a leerla.

"Dar cuerda a la caja".

Lo hace.

Ya está.
"Agarrar el frasquito de pastillas y tomarlas todas".

Toma un frasco que también está dentro de la caja y se lo empina.

Tá difícil. Ahí está. *(Ya tragó todas.)*
"Sacar el escarpín y guardarlo en un lugar seguro".

Saca un escarpín rosa de la caja. No sabe dónde poner-
lo, hasta que finalmente se lo guarda en el corpiño, del
lado del corazón.

"Recostarse y mirar las estrellas, hasta que la música de
la cajita termine".

Busca el cielo.

No hay cielo, mami. ¿Qué hago?

Escucha una supuesta respuesta de su madre.

Perfecto.

Se recuesta sobre el piso.
Tiempo.

Está haciendo frío ahora, ¿no? ¿Vos tenés frío?
¿Tienen frío los muertos, mamá?

Tiempo.

¿Te cuento algo? Aprendí más palabras de señorita: "regio", "out-out-fit", que es la ropa que te ponés, "mil
disculpas", para pedir perdón, ¿viste?
Mami… gracias por contarme la verdad de la bebé. ¿Sabés?

Pausita

¿Te cuento algo? En el hogar hay una cui-cuida-cui-da-dora que me dijo que me iba a ayudar a encontrar a mi bebé, porque yo tengo derecho a estar con ella.
Ahora que lo pienso, mami, ¿tendríamos que haber venido acá al juz-gado a preguntar por mi bebé, no?

Pausita.

Yo el otro día fui a la iglesia, mami. Y le pregunté al cura a ver si sabía dónde vive el padre Ignacio.
Le conté todo lo que me pasó, mami. ¿Y sabés qué me dijo?
Que era culpa mía, por tener las tetas muy grandes.
¿Está mal tener las tetas grandes, mami?
También me dijo que mi bebé está segu-segura-"segumente" con una familia que la quiere mucho, mucho, mucho y que capaz es mejor así.
¿Vos pensás que es mejor que viva con otra familia que la quiere mucho, mami?

Tiempito.

También me dijo que lo mejor es pe-per-donar y ol-vidar. Que el pasado es pis, es pis-pis-sado, me dijo.

Tiempito.

Bueno, sigo… otra palabra de seño-seño-rita que aprendí es cuando hablás mucho, decir "o sea". Decís "o sea, o sea, o sea" o "tipo, tipo, tipo". También "ja-ja-queca" y "lo siento"… o "sory", ¿sabés? También esas sirven para pedir perdón y llorar cuando tenés ganas de llorar, ¿viste?
¿Los muertos tienen ganas de llorar?

Pausita

Mami... Cuando recupere a mi bebé, ¿querés que le ponga tu nombre, igual que vos?

Pausita

Dale. Genial.

Pausita.

Mami... ¿Es cierto lo que dicen? ¿Yo te maté a vos o vos te mataste sola?

Pausita. Escucha la respuesta de su madre.

Ah. Menos mal.

Pausita.

Mami... ¿Sabés qué? Te quiero mucho, ¿sabés?

El volumen de la música de la cajita ha ido creciendo lentamente. Apagón.

Modalidad de Teatro Breve:
Primer Accésit (ex eaquo)

Aversión

de

José Busto

Aversión

PERSONAJES

EVA
VALERIA
OSO
MUECA

La *ACCIÓN DRAMÁTICA transcurre en una SALA DE AVERSIÓN claustrofóbica y de geometría exacta que carece de cualquier textura o imperfección visible. El techo es bajo y las paredes sin ventanas están cubiertas de un material pulido que refleja una luz clínica y fluorescente cuya intensidad fluctúa creando un pulso que imita la respiración mecánica de un ser vivo. En su centro exacto se ubica LA MÁQUINA DE AVERSIÓN, que combina elementos complejos de tecnología médica y psicológica. Está conectada a un robusto sillón industrial mediante cables, sensores, jeringas, electrodos, tubos translúcidos que transportan fluidos, controles, estimuladores y un sistema de retroalimentación visual y auditivo sincronizado con pantallas y altavoces. EVA permanece amarrada al sillón con correas y apenas puede mover la cabeza.*
Junto a ella, con total libertad de movimiento:
Un OSO DE PELUCHE. Gigante, abrazable, lleno de costuras deshilachadas, de pelaje descolorido, ojos grandes y comprensivos, voz suave y profunda, y una sonrisa perenne.
Una MARIONETA. Sin facciones claras y una MUECA grotesca como un cascarón inacabado, extremidades unidas al torso mediante conectores oxidados, y voz metálica y distorsionada.

ESCENA ÚNICA

VOZ. Hola, Sergio, mi nombre es Valeria. Soy tu médica asignada para el tratamiento. No tengas miedo. Te vamos a reparar. Ahora vamos a inyectarte un cóctel de hormonas y alguna cosita más. No, no te resistas o será

peor. No te muevas. Lo que vamos a hacer es eliminar tus deseos y comportamientos anormales. Eso es. Eres un buen chico. Eso es. Ya está. Muy bien. Muy pronto serás feliz. Solo estás enfermo y se puede curar. Casi nunca fallamos. Somos muy buenos. Si fueras mujer, sería más fácil. Te practicaríamos una histerectomía o una ooforectomía. Con eso sería suficiente, pero eres un hombre que piensa que quiere ser una mujer y la cosa es un poco más complicada. Además, eres un tipo seis, por eso ha fallado la terapia de grupo, la hipnosis y el reacondicionamiento de la masturbación. En fin. Ahora necesito que mires la pantalla. No, no te resistas o será peor. Puedes creerme. No. Eso es. No. Por favor, hazlo. Eso es. No. Eso es. Muy bien. No. No cierres los ojos. Tienes que mirar. No cierres los ojos, por favor. Sergio. Sergio. *(Descarga eléctrica.)*
EVA. *(Se retuerce de dolor.)*
VALERIA. Ya está. Quiero que mires la pantalla. Mira la pantalla. Eso es. Vale. Te explico. Vas a ver muchas imágenes. De cuando eras niño. De tus padres. Cosas bonitas. Amaneceres. Ese tipo de cosas. También verás hombres desnudos practicando sexo y recibirás una descarga. No. No. No te muevas. Tranquilo. Eso es. Muy bien. También verás mujeres desnudas. La intensidad de la descarga dependerá de los datos que arroje la pletismografía sobre el flujo sanguíneo de tu pene. A mayor excitación, mayor descarga. Si dejas de mirar, descarga doble. Si detectamos excitación en el momento que veas a las mujeres, la intensidad de la siguiente descarga disminuirá. Y vuelta a empezar. Voy a darte un momento para que el cóctel haga efecto.

Por las pantallas comienzan a desfilar imágenes a un ritmo pausado.

OSO. Ahí tenías siete años nada más.

EVA. Frente al espejo de la habitación.

OSO. Con los genitales ocultos entre las piernas apretadas.

EVA. Mira, mamá, mira. Mira. Mira. Mira…

MUECA. ¿Qué quieres?

EVA. Mira, mamá, mira…

MUECA. ¡Qué haces! ¡Qué estás haciendo! ¡Qué haces!

EVA. Viendo cómo voy a ser cuando sea una niña.

MUECA. Serás un monstruo.

EVA. Me dejó el culo como un tomate.

OSO. Y ahí tu madre y tu padre en la cocina.

MUECA. Tiene siete años. Eres una exagerada. No se corrige. Está jugando, nada más. ¿Y cuando sea mayor? Se le pasará. Le das demasiada importancia. No podremos con él. Solo es un niño. Es una desgracia. No hables así de tu hijo. Ya hablan de él a nuestras espaldas. No digas tonterías. En la calle. En el portal. En las escaleras. En la carnicería. En el colegio. Paso y cuchichean. Y cuando los miro, dejan de hacerlo y disimulan. Bobadas. No se habla de otra cosa. No somos tan importantes. Nos echan la culpa. ¿Nos echan la culpa de qué? De cómo es. De esa forma de caminar. De esa forma de mirar. De esa forma de hablar. De esa forma de reír. De cómo mueve la mano. ¿Pero qué dicen? Que es una desgracia. ¿Qué dices que dicen? Que es una desgracia. Se preguntan qué hicimos mal. Somos buenos padres. Es evidente que no. Es una fase. ¿Y si no lo es?

EVA. Mamá no me quiere.

OSO. Lo hace a su manera.

EVA. Me odia.

OSO. ¿Y papá?

EVA. Papá creo que sí.

OSO. Sí.

EVA. Todavía.

OSO. Te quiere mucho.

EVA. Un poco.

OSO. A su manera.

EVA. Me mira raro.

OSO. Tiene miedo.

EVA. Ya no me da besos por la noche.

OSO. Eres mayor para eso.

EVA. Ya no me lee cuentos. No me coge de la mano cuando vamos por la calle. Mira hacia atrás todo el tiempo. Y a los lados. Casi no me habla. No va a buscarme a la puerta del colegio. Me espera en una calle apartada. Para que no le vean los demás papás.

OSO. ¿Ya has decidido qué nombre te gusta?

EVA. Eva. Cuando sea una niña, me llamaré Eva.

MUECA. Oiga. Le hablo a usted. Es el padre de Sergio. Cómo que no. Sí que lo es. No mienta. Soy la madre de Ricardo. ¿A dónde cree que va? No le suelto, no. Que no. No le confundo, claro que no le confundo. Sé muy bien quién es. No quiero que su hijo siga merodeando al mío. Se lo advierto. Aleje a su hijo del mío o va a tener un problema muy serio. Hablaré con la dirección del colegio. Y con la asociación de padres si hace falta. Se lo advierto. Si cree que esa ley demencial que han aprobado esos rojos va a servir de algo, está muy equivocado. ¿Que solo es un niño? Se lo he advertido. Mi marido es alguien importante.

OSO. ¿A qué quieres jugar, Eva?

EVA. A la mamá buena y a la mamá mala.

OSO. No quiero ser la mamá mala.

EVA. Tienes que ser la mamá mala.

OSO. Siempre soy la mamá mala.

EVA. Porque yo soy la mamá buena.

MUECA. ¡Dónde está! ¡No me hagas repetirlo! ¡Dónde está! ¡Te voy a poner el culo como un tomate! ¡No me hagas perder el tiempo! ¡No te encojas de hombros! ¿Quieres hacerme tonta? ¡Contesta! ¡Dónde está! ¡No llores! ¡Calla! ¡Vas a llorar por algo! ¡Me falta ropa! Un vestido y medias. ¡Dónde están!

EVA. No he cogido nada.

MUECA. ¡Mentira! ¿Quién lo va a coger si no? ¿Eh? ¡Eres un niño horrible! ¡Te va a castigar Dios! ¡O me lo dices o te llevo a la policía!

EVA. No, no, yo no he cogido nada, yo no he cogido nada…

MUECA. Te van a poner una inyección. En el ojo. Para que digas la verdad.

OSO. Mira. Ahí tenías catorce años. Ya eras una mujercita.

EVA. Me pilló papá probándome ropa. Creí que estaba sola en casa. Él bebía mucho.

MUECA. ¿En eso gastas la paga?

EVA. ¡Papá!

MUECA. Si te ve tu madre, para qué quieres más. ¿Por qué lo haces? ¿Qué placer le encuentras?

EVA. ¿Placer? Ser yo misma.

MUECA. Ten cuidado. No te acostumbres a utilizar el femenino cuando te refieres a ti mismo. ¿Es lo que hacéis tú y Ricardo? Y solo Dios sabe qué más. Mira. Ya casi eres un hombre. Te asoma la barba. No voy a estar aquí toda la vida. No sé qué decirte. Ni se te ocurra bajar así.

Piensa en la vergüenza que nos haces pasar. No sé qué decirte.

EVA. Y salió sin más.

OSO. Cerraste la puerta de un golpe y echaste el pestillo. Y corriste al espejo, roja de rabia, y buscaste las señales de una barba incipiente. Y te desnudaste. Y buscaste más pelo en el resto del cuerpo. Y comprobaste la anchura del tórax y de la cadera y de los hombros. Y dijiste hola y tu voz te pareció muy grave. Y dijiste hola otra vez forzando un tono más agudo. Y rompiste a llorar y te golpeaste la cabeza cada vez con más fuerza.

EVA. Ese es Ricardo a punto de salir de su casa a hurtadillas con un regalo para mí. Pero su madre le pilló.

MUECA. ¿A dónde vas, Ricardo?

OSO. A dar una vuelta, mamá.

MUECA. ¿Ya has acabado de estudiar? Tienes que estudiar.

OSO. Voy a tomar el aire.

MUECA. Necesitas buenas notas para la universidad.

OSO. Ya lo sé. Me lo recuerdas continuamente.

MUECA. ¿De quién es el cumpleaños?

OSO. De una amiga.

MUECA. ¿De qué amiga?

OSO. De Paula.

MUECA. ¿Y por qué me dices que vas a dar una vuelta si vas a un cumpleaños?

OSO. Porque primero voy a dar una vuelta y luego al cumpleaños.

MUECA. ¿Y para ir a un cumpleaños te depilas las piernas y vete a saber qué más? ¡No te rías! ¡Yo no me río!

OSO. ¿Tú no te depilas?

MUECA. No digas tonterías. ¡Claro que me depilo!

OSO. Pues ya está.

MUECA. No es lo mismo.

OSO. ¿Por qué?

MUECA. Porque sí.

OSO. ¿Porque soy un hombre?

MUECA. Vistes muy femenino.

OSO. La elegancia no entiende de géneros, mamá.

MUECA. Ya sabes lo que quiero decir.

OSO. Sí, mamá. Sé lo que quieres decir.

MUECA. Tu padre me pregunta si tienes novia. Ya tienes dieciocho años.

OSO. No tengo novia. Soy homosexual. Por mucho que repitamos la conversación no voy a cambiar. Si mi padre quiere preguntarme algo, que lo haga. Llego tarde.

MUECA. No puedes ser tan abierto. Vas a tener problemas.

OSO. Tranquila. Siempre llevo un condón encima.

MUECA. ¡Ay, por Dios! ¡Eso no lo digas ni en broma!

EVA. Hola, Ricardo. No. No voy a salir. Ya sé que es sábado. Sí. No. Se ha ido a casa de mi tía. No. Mi padre no. Va a ver el partido. No me encuentro bien. No sé. No, de verdad. No. No seas pesado. No sé qué me pasa, me quiero morir. Ya, ya lo sé. Es que me duele el corazón con tanta mentira. Ya no me aguanto. Quiero ser yo. No. No lo soy. Soy otra cosa. No soy como tú. Me miro en el espejo y no me reconozco. Me da vergüenza mirarme a los ojos. Tengo miedo. No te enfades. ¿A qué hora? No sé. A dónde. Supongo que mi padre ni se enterará. El partido acaba a las once. ¿En el parque? Vale. Hasta ahora.

OSO. Estaba a punto de irme.

EVA. Lo siento, Ricardo.

OSO. Qué te pasa.

EVA. Estoy harta.

OSO. A ver si espabilas. Como sigas así…

EVA. Así cómo.

OSO. Amargada.

EVA. Soy horrible.

OSO. Eso no es verdad. No vuelvas a repetirlo.

EVA. Soy un monstruo. Es insoportable.

OSO. No puedes vivir escondiéndote. Hay que dar la cara. ¿Te la van a partir más de una vez por ser tú misma? Pues sí. ¿Pero y qué? O eso… u odiarte delante de un espejo. Y tirarte de los pelos hasta que sangres. Acéptate y tira. Y que se jodan todos. Tu padre, tu madre, todo el mundo. Tú eres tú. Y punto. Al final no les quedará más remedio que aceptarnos tal y como somos. Y no te lo digo más. Feliz cumpleaños.

EVA. Es un vestido precioso. Gracias.

OSO. Prométeme que vas a luchar contra esas ganas de morirte que tienes. Prométemelo.

EVA. Te lo prometo. Ojalá pudiéramos quedarnos aquí para siempre.

OSO. Sería muy aburrido. Y acabaría viniendo la tele.

EVA. Pensarían que protestamos por algo.

OSO. Nos preguntarían: ¿qué reivindicáis?

EVA. ¿Qué responderías?

OSO. El amor verdadero.

EVA. ¿Quieres que lo intentemos?

OSO. Sí. ¿Has sentido algo?

EVA. No. ¿Tú?

OSO. Sí. Yo te quiero.

MUECA. ¿Pero habéis visto a ese par de maricones morreándose ahí? Su puta madre. ¿Dónde creéis que estáis, cerdos? ¿En mariconalandia? Su putísima madre. En el puto circo tendríais que estar. Mariconazos de mierda.

Hijos de puta. Qué puto asco. Maricones. Que el culo solo sirve para sentarse. Pervertidos. Cerdos. Hijos de la gran puta. Asquerosos de mierda. Coño, pero si es el Ricardito. Y el otro puto engendro. Pederastas de mierda. Hijos de puta. Se os van a quitar las ganas de andar morreándoos por ahí. Pervertidos. Cerdos. Que os pueden ver los niños.

EVA. Creí que me mataban también.

MUECA. Que me lo habéis matado. Canallas. Que me lo habéis matado. Asesinos. Que vivís porque el aire es gratis. Que las moscas os devoren las entrañas hasta que no seáis más que un coágulo de sangre negra en el suelo. Carniceros. Asesinos de criaturas. ¿Dónde está la justicia, Dios? ¿Dónde está tu justicia? Me lo has quitado. ¿Por qué me castigas así? Mi niñito. Mi niñito bueno. Mi niñito guapo. ¿Tan mal me he portado? ¿Qué he hecho para ofenderte? ¿Qué gran pecado he cometido para castigarme así? Llévame a mí también. Llévame en un carro de fuego. Para que arda el mundo entero a mi paso. Que me lo han matado. Que me lo han matado a golpes y a patadas. Asesinos. Que estoy masticando cristales rotos.

OSO. Entraste al tanatorio con muletas, collarín y la cara hinchada por la paliza.

EVA. Debí quedarme en casa.

OSO. No hiciste nada malo. Solo querías despedirte de Ricardo.

MUECA. ¿Y tú? ¿Qué haces aquí? ¿No tienes sangre en las venas? ¿Cómo te atreves? Sinvergüenza. Tú le has matado. Monstruo. Siempre a su lado. Atrayendo las miradas sobre él. Pegado como una sanguijuela. ¿Dónde están ahora tus padres? No los veo. ¿No van a dar la cara? Depravado. Vicioso. Que has sido la ruina para él. Monstruo. Que eres peor que las bestias. Gusano. Tú le llevaste por el mal camino. Tú le llevaste a la tumba. Tú le incitaste a comportarse como un invertido. Desde que erais bebés. Veneno. Ojalá te quedes ciego. Ojalá te descuartice una manada de perros. ¿Por qué tu madre no te estranguló en la bañera? Ojalá todos tus miedos se hagan realidad y un día te levantes amarrada en una silla eléctrica supurando por los ojos y la boca todo ese veneno que llevas dentro. Ojalá. Ojalá.

OSO. No la escuches.

EVA. Tiene razón.

OSO. Se lo prometiste

EVA. Me voy a tirar por la ventana.

OSO. Se lo prometiste.

MUECA. Eres su padre. Te lo dije. Déjame el alma en paz. Llevo años diciéndotelo. Llevas años diciéndome qué, mujer. Que nos iba a comer la desgracia. A mí qué me cuentas. Nunca hiciste nada para solucionarlo. Tú lo pariste. Inútil, y tú el padre. Nunca me hiciste caso. Cuanto más intentaba yo enderezarlo, más blando te volvías con él y más le consentías. Sólo era un niño. Y el niño se ha hecho mayor y por su culpa no podemos salir de casa. Está enfermo. Pues si está enfermo, habrá que meterlo en algún sitio. Meterlo dónde. No sé. En algún sitio donde le curen eso. En casa no lo quiero.

EVA. No quiero ir.

MUECA. Estarás bien. Y luego buscamos un apartamento barato.

EVA. No quiero ir, papá.

MUECA. Te curarán. Lo siento. Tienes que entenderlo. Por lo que estamos pasando. Es por tu bien. Tienes que entenderlo. No puedes ser feliz con esa enfermedad. Tu madre y yo no tenemos la culpa. No te echo la culpa. Pero algo habrá que hacer. Es un lugar agradable. Te curarán. Tienen gente preparada.

EVA. ¿Cuándo me voy?

MUECA. Ahora. Estarás bien. Y luego buscamos un apartamento barato. Te esperan abajo. Me han dicho que no hace falta que lleves nada.

EVA. Todas las noches sueño lo mismo. Que soy una mujer que se levanta por la mañana. Que soy un hombre que desayuna zumo de naranja. Una mujer preocupada por su higiene. Un hombre que se afeita con navaja. Una mujer que se viste para ir al mismo trabajo desde hace diez años. Un hombre que sabe hacer el nudo de la corbata. Una mujer que sale del trabajo a medio día para comer un menú no muy caro en una cafetería cerca del trabajo donde todos los camareros y los clientes saludan. Hola, buenos días. Hola, que aproveche. Hola. ¿Más pan? Un hombre que prefiere traer la comida de casa y evitar el café. Y luego otra vez al trabajo con los compañeros o con algún cliente a hacer fotocopias. Y a preparar contratos y a hacer planes para el fin de semana. Y al terminar, tranquilamente a casa dando un paseo sola y aprovechando para hacer compras. Y en casa me desnudo, me miro al espejo, sonrío, abro vino y acaricio a mi perro.

OSO. Sigues viva.

EVA. ¿Y cuánto de mí ha quedado atrás? No me dejan nacer. Veintidós años de gestación y aún no he nacido.

OSO. Lo conseguirás. Resistirás. Sobrevivirás.

EVA. ¿Con las dos vidas?

OSO. Solo con la nueva.

EVA. La vieja siempre estará ahí como un cascarón. Eso que veo en las pantallas, ¿ocurrió de verdad? Lo recuerdo como cicatrices. Estoy muerta.

MUECA. Esa es tu vida de verdad.

EVA. Quiero arrancarte de mí como se arranca el moho azul de los melocotones. Quiero decirte adiós con un susurro y con la risa de la hierba verde que crece debajo de las cunas. Quiero enterrarte en un sótano sin escaleras ni ventanas desde donde pueda llegarme tu lamento venenoso para recordarme que eres tú quien me mira desde el espejo y se burla de mí como hacen los lobos y los perros locos. Empachado de espumarajos. Me tienes encadenada a los árboles que crecen en las rocas de los acantilados. Quiero expulsarte de mi cuerpo como se expulsa a los demonios más negros. Quiero escupirte lejos, viejo cascarón, quiero decirte adiós y librarme de tu hedor insoportable.

MUECA. Siempre estaré ahí. A tu lado. A tu espalda. Bajo tus pies. Preparado para agarrarte los tobillos y clavarte las uñas en tu carne blanca. Corriendo furtivo a tu lado. Agazapado en el rabillo del ojo. Siempre listo y prevenido para degollarte con un cuchillo oxidado. Para acabar contigo como se acaba con las ilusiones de un niño. Con una piedra por la espalda. En el calor que se desprende del asfalto. En el frío que se condensa en las ventanas y en los faros de los coches y en algunas estrellas distantes. Disfrazado en el viento. Camuflado en los árboles del parque mientras los niños juegan a no dejarse llevar por el río. Aparentando ser otra cosa. Hojas que caen en otoño. Semillas que flotan en el aire. Esperando paciente entre los insectos y las arañas y en los nidos de los jilgueros. Preparado para lanzarme sobre ti desde las miradas desconfiadas. Desde las preguntas con segundas intenciones de los camareros y los transeúntes. En los vagones del metro. Y en los autobuses. Y en los taxis. Y en los portales escucharás mi voz como se escucha a la termita en los cimientos de madera. Escucharás mi voz en el silencio de los que se negarán a darte los buenos días. Y verás mi rostro desencajado en las leyes que promulgarán los ministros contra tu pasado y tu futuro. Porque yo, Eva, me alimento de la ignorancia y habito en los débiles.

OSO. Calla.

MUECA. Alguien se lo tiene que explicar. ¿Lo harás tú?

OSO. Calla.

MUECA. Explícale cómo funcionan las cosas. No podrá engañar a nadie mucho tiempo. Siempre acabará saltando la alarma. Los errores se suprimen de la ecuación. La vida es nuestra y no la compartimos. Como arañitas treparemos por sus piernas para morderle los ojos y clavarle un puñal.

EVA. ¿Qué es eso?

OSO. Ya verás.

EVA. ¿Cuándo es eso?

OSO. Aún no ha ocurrido.

EVA. Es el supermercado del barrio.

OSO. Sí.

EVA. ¿Qué hago ahí?

OSO. Ya verás.

EVA. No lo entiendo.

OSO. Paciencia.

EVA. También está mi madre.

OSO. Sí, es tu madre.

EVA. ¿Con quién habla por teléfono?

OSO. Mira, no me digas, no sé lo que le pasa a Piluca últimamente. Sí, sí, muy rara. ¿No será que se ha echado un ligue? No me digas. O le habrá empezado el alzhéimer. Yo solo sé que habíamos quedado como siempre para ir al bingo y se empeña en que vayamos al teatro. Sí, sí, como lo oyes, al teatro. Y yo: pero Piluca, qué dices; y ella: que sí, que sí, que me han dicho que echan una muy buena. No, no, al cine no, al teatro. Eso pensé yo. Sí. ¿Qué hice? Pues qué iba a hacer, ir, ya sabes cómo se pone. Bueno, lo que te decía, llegamos, nos ponemos a la cola. Sí, sí, había cola. Ya, no me digas. No sé, gente rara. No, como la que va al cine no, gente rara, no sé, muy rara, rarísima. Y llegamos a la puerta para entrar y no te lo vas a creer. Adivina. No. No. No. Nos piden la entrada. Como lo oyes. Sí, sí, no era gratis. Eso pensé yo, todavía si fuera un musical, pero no, sin cantantes, solo gente hablando. Bueno, como una fiera me puse con el que me pidió la entrada. Sí. Y le digo a Piluca: nos vamos, y Piluca que de eso nada, y al final me obligó a comprarla. Diez euros. Sí. Increíble. Diez euros por ir al teatro, cuándo se ha visto eso, ni que fuera cine. No, pero espera, que la cosa no acabó ahí, luego resulta que el teatro era de una mujer sola hablando. Sí, sí, una mujer sola en el escenario, sin más. No me acuerdo, no sé, ¿crees tú que me voy a acordar del título? Algo de los días. Era de un tal Vélez. No sé, ni idea. Y yo muerta del aburrimiento viendo a la mujer aquella enterrada hasta el cuello con arena y diciendo bobadas. Una tomadura de pelo, sí, no tiene otro nombre. Y la gente muy mal educada, porque claro, yo no daba crédito y preguntaba a Piluca, y los de alrededor mandándome callar. Sí, muy mal educados. Tú fíjate si eran mal educados que no me dejaban ni mirar el móvil. Bueno, pues nada, te llamo luego, voy para la caja, que se me hace tarde, luego no me da tiempo a hacer nada. Adiós.

EVA. La cajera soy yo. ¿Soy yo?

OSO. Sí. Eres tú.

EVA. Hola.

OSO. Hola. Madre mía, cómo me suena tu cara.

EVA. ¿Va a querer bolsas?

OSO. Sí. Tres. Tú eres nueva, ¿no?

EVA. Sí.

OSO. ¿Dónde está la otra chica?

EVA. De baja.

OSO. ¿Algo grave?

EVA. Está embarazada.

OSO. Y la estás cubriendo, claro.

EVA. Sí.

OSO. Pues eres muy guapa, que lo sepas. Mucho.

EVA. Gracias. Tenemos una promoción de zumo de naranja. Dos por uno.

OSO. No me gusta el zumo de naranja. Además, si está a dos por uno, seguro que está a punto de caducar. Una amiga mía siempre acaba devolviendo las promociones. Lo barato sale caro. ¿No hay promoción en zumo de melocotón?

EVA. No.

OSO. Al final ha quedado un día precioso.

EVA. Sí, menos mal.

OSO. Cómo se nota que ya está aquí el verano.

EVA. Sí, ya empieza a notarse.

OSO. Te conozco de algo. Es que me suena tanto tu cara… ¿Nos conoceremos del gimnasio Esplendor?

EVA. No sé. No. No voy al gimnasio.

OSO. ¿Eres del barrio?

EVA. No.

OSO. ¿Seguro?

EVA. Sí.

OSO. Habremos coincidido en algún sitio, seguro. Es que me suenas muchísimo. ¿Eso tiene descuento?

EVA. Sí.

OSO. ¿Cómo te llamas?

EVA. Me llamo Eva.

OSO. Eva.

EVA. Sí.

OSO. Lo dices como si te diera vergüenza.

EVA. No.

OSO. Seguro que tus papás eran muy guapos.

EVA. Sí.

OSO. Vaya suerte que tuvieron contigo. Anda que no presumiría yo de hija por la calle. Tienes un pelo precioso. Siempre quise una niña para hacerle trenzas. ¿Te pasa algo, bonita? Mal de amores, seguro. Con lo guapa que eres. No pierdas el tiempo. Tiene delito no quererte a ti. Los hombres son idiotas. Solo piensan en ellos mismos. Si yo fuera tu madre, me encargaría personalmente de ese individuo.

EVA. Sesenta y dos con quince.

OSO. ¿Sesenta y dos con quince?

EVA. Sí.

OSO. ¡Madre! No sé si tendré bastante. Déjame mirar a ver. Sí, sí, tengo. Pensaba que había cogido solo cincuenta.

EVA. Aquí tiene la vuelta.

OSO. Gracias.

EVA. A usted.

OSO. Pues nada, bonita, hasta mañana.

EVA. Hasta mañana. *(Llora y ríe al mismo tiempo.)*
VALERIA. Hola otra vez, Sergio. Veo que el cóctel ya ha hecho efecto. Perfecto. Podemos empezar.

OSCURO

VALERIA. Todo va a salir bien.

Sonido intenso de descargas eléctricas y gritos de dolor.

Modalidad de Teatro Breve:
Primer Accésit (ex eaquo)

Las versiones de Vibia
(Sucinta ficción trágica para emperatriz de Roma)

de

Juan García Larrondo

Las versiones de Vibia

Interior de la bodega de un barco regio en época romana. Crujen las maderas del armazón mientras se balancea casi imperceptiblemente el casco. Tenues luminarias nos dejan ver a un extremo, sobre una suerte de podio decorado con motivos del Antiguo Egipto, el cuerpo yaciente de un muchacho, inerte, cubierto solo con una tela tan sedosa que pareciera estar mojada y transparentar su anatomía. A su lado, una anciana del lugar murmulla canciones, mientras esparce vapores de almizcle, semillas y flores sobre la mortaja. Llovizna en las afueras.
Durante ese otoño del año 130, la flota imperial permanece atracada en el Nilo en señal de duelo aguardando, en vano, a que el dios Ra obre un milagro y resucite al joven muerto. El emperador Adriano gobierna gran parte del mundo conocido, lo que no le consuela de estar ahora lamentándose en la peor de las soledades, postrado en el puente de otro barco próximo con la mirada perdida sobre el río. Bastaría esa noche el llanto de un hombre solo para desbordarlo e inundarlo todo.

HECHICERA: Alabado seas, Osiris, poderoso en la hora de los muertos, príncipe y señor de lo profundo; creador de toda eternidad y resurrección… Alabado seas, triunfador, dueño de la vida y de todas las ofrendas. Porque tú siempre habitas en los cuerpos gloriosos, porque tu voz abre el camino de los hombres que son por los dioses elegidos. *(Como una canción de cuna.)* Mi corazón, mi madre… Mi corazón, mi madre… Mi corazón de las transformaciones…

La emperatriz SABINA desciende ayudada por su séquito. Parece estar desencajada. TERENCIA, su joven esclava, y HERMÓGENES, *el médico, la siguen, circunspectos. Dos escoltas* PRETORIANOS *permanecen en guardia junto a la entrada, ligeramente apartados. La* HECHICERA *detiene sus rituales y hace una reverencia.*

SABINA: *(Áspera.)* ¿Qué haces? ¿Más trucos de magia?

HECHICERA: Soplo a su alrededor copos de miel helada para mantener el frío y vigilo que su piel no pierda la color. Es lo que pidió el emperador.

SABINA: Pues deja de hacerlo porque ahora ya no estás aquí para eso.

HECHICERA: ¿Para qué estoy entonces? Es su majestad quien me ha...

SABINA: *(La interrumpe y la mira de reojo, intencionada. Parece decirle que hay demasiados oídos escuchando.)* Estás para terminar lo que jamás debería haber empezado.

HECHICERA: *(Asiente, entendiéndola.)* Solo llenaba el silencio mientras os esperaba. En nuestra tierra, es costumbre susurrar nanas a los muertos para no oír sus reproches y apaciguar el hedor de sus miasmas.

SABINA: *(Amenazadora, sin inmutarse.)* Harás mejor en no escuchar los de este desdichado si no quieres oler tú de igual modo.

La anciana se aparta, sumisa. Vibia le hace una señal al médico y este descubre el cadáver. La emperatriz lo observa impávida, inexpresiva, gélida. Un par de lágrimas se le desprenden de los ojos. Es imposible que sepamos qué tormentas o qué paces podrían estar sucediendo ahora dentro de su mente.

SABINA: ¡Qué injusto y cruel es el destino! *(Renegando, afectada, pero sin romper el protocolo.)* Está más hinchado. Y tiene los labios ligeramente azules. ¡Pobre muchacho! Aún conserva la hermosura, es verdad, pero ya no parece el mismo. *(Largo suspiro.)* ¿Cuál es entonces tu dictamen, Hermógenes?

HERMÓGENES: El mismo que he dado al césar. Todas las señales externas indican que Antínoo murió por ahogamiento en el río. Pero, sin analizar las vísceras, será difícil averiguar con exactitud...

SABINA: No hay nada que averiguar. Aunque a mí me parezca una aberración, Adriano quiere embalsamarlo y, hasta entonces, no puede ser tocado. Además, ¿para qué? Dicen que, en la orilla donde el cuerpo apareció, los remeros encontraron restos de un sacrificio, ¿no? *(El galeno asiente.)* Pues eso es todo. No hay necesidad de buscar otras pruebas donde ya las evidencias confirman lo que claramente ha sucedido. Ni se hallaron signos de violencia ni de que fuera un accidente: solo sus ropas, sus sandalias abandonadas y las cenizas de un ritual de despedida. ¿Qué más puede hacernos falta? Todos sabíamos que Antínoo era un excelente nadador. Y, aunque ahora callemos por decoro, también todos éramos conscientes de que últimamente estaba demasiado extraño, incluso con el propio emperador. ¿O acaso me equivoco? *(HERMÓGENES y TERENCIA le dan con un gesto la razón. SABINA mira a la HECHICERA con desaprobación.)* Desde que llegamos a Egipto, además, empezó a frecuentar amistades que, en absoluto, me parecieron apropiadas, ni para él ni para el césar. Por mucho que a ambos les atrajeran esos tugurios de gentes de mal vivir, quienes los habitan no ejercen buenas influencias en las criaturas débiles. De hecho, ya hacía tiempo que Antínoo no era el muchacho cariñoso y alegre que a todos fascinaba. Vosotros habéis sido testigos. Estaba esquivo, ausente, como hipnotizado, como obsesionado por el inframundo de las tinieblas o como si algún pérfido dolor estuviera horadándole los sesos. Pero, por desgracia, ya nunca sabremos qué fue lo que tanto le torturaba ni por qué resolvió abandonarnos de esta forma. *(Se enjuga el rostro.)* Si se quitó la vida, fue porque él así lo quiso, sea cual sea la sinrazón o la razón. Y esa es la única verdad que deberían conservar nuestras memorias. Recordémosle como el ser encantador que a todos nos hizo felices y respetémosle.

> *Silencio incómodo. Ruidos lejanos de lluvia y de cánticos fúnebres.*

SABINA: *(Al médico.)* ¿Y Adriano?

HERMÓGENES: Descansa en su barco. Después de dos noches sin conciliar el sueño, por fin parece haberse rendido. Ha dejado instrucciones para que atraquemos en Hermópolis al amanecer y trasladar el cuerpo a los embalsamadores.

SABINA: *(Largo silencio.)* Déjalo dormir, entonces. Pero no le deis más vino ni pociones cuando despierte. Necesitamos que recupere la cordura y partir cuanto antes de este maldito Egipto lleno de infortunios y de malos presagios…

HERMÓGENES: Las órdenes de Adriano son seguir remontando el río hasta Tebas y permanecer en la zona los meses necesarios hasta que concluya el embalsamamiento.

SABINA: *(Por un instante, parece desmoronarse.)* Ya… Pero yo no creo que soporte tanto tiempo aquí, oyendo los lamentos de esos sacerdotes ni viendo a los hombres del séquito llorar como plañideras… Mi paciencia también tiene sus límites.

HECHICERA: Son salmos en honor a la resurrección de Osiris, señora. Con la llegada del mes de Atir y de las lluvias, hay que dar gracias al Dios Nilo, portador de vida…

SABINA: A mí esas supersticiones no me interesan, así que cierra esa pútrida boca o lo último que oirás serán las dentelladas de los cocodrilos partiéndote los huesos.

Todos guardan un tenso silencio.

TERENCIA: *(Intercediendo.)* ¿Desea mi ama que avise ya al barquero y regresemos?

SABINA: *(Recuperándose. Niega.)* He venido a velar al muerto y me gustaría quedarme un poco más aquí con él. ¡Se le echa ya tantísimo de menos! *(Sonriendo, algo sarcástica.)* No creo que me haga nada ni que se despierte, ¿verdad, Hermógenes?

HERMÓGENES: *(En un aprieto.)* Sabéis que no creo en fantasmas, pero si deseáis que avise a cualquiera de los otros médicos…

SABINA: *(Inesperadamente cariñosa.)* No hace falta. Lo único que necesitaba era tu parecer y escuchar tus siempre razonables palabras. Te agradezco tu ayuda y te ruego que me perdones por haberte hecho venir a estas horas. La muerte de Antínoo ha sido una tragedia espantosa y es lógico que estemos todos afligidos. Tú eres hombre de ciencia y es ahora cuanto más nos hacen falta personas de tu entereza. El emperador y yo somos afortunados al contar contigo. Te ruego que no le digas nada de este

trance. Me temo que nos aguardan jornadas muy difíci-
les, así que ¿para qué causarle más preocupaciones? Vete
tranquilo. Yo volveré enseguida a mi nave con la guardia.

> HERMÓGENES *sale. Durante los silencios, al-
> guien suspicaz podría intuir que entre la manceba y
> ambos soldados hay sutiles juegos de miradas y una
> amartelada historia que nada tuviera que ver con la que
> se narra. La* HECHICERA, *aún asustada, parece
> que hace intento de salir también.*

SABINA: ¿Y tú a dónde vas? ¿Tienes prisa por marcharte o
acaso ya no quieres recibir tu recompensa?
HECHICERA: *(Manteniendo el tipo.)* Yo estoy a tu servicio,
señora. Y lo único que deseo es complacerte.

> SABINA *se acaba sentando, aparentemente derrota-
> da.* TERENCIA *la consuela.*

TERENCIA: Vayámonos a descansar, ama.
SABINA: *(Asintiendo, la acaricia.)* Ojalá pudiera, Terencia. Ojalá.
Siento aquí adentro como si un río de lágrimas luchara
por escaparse de mi alma. Pero no puedo llorar porque
mis ojos están cegados por lápidas de piedra. Es todo
tan triste, tan doloroso… *(A la encantadora.)* ¿Tienes tú
algo entre tus plantas que me alivie?
HECHICERA: Tengo lo que queráis que tenga. Incluso una
esencia de cebada que podría adormecer de un trago a
cualquiera de vuestros escoltas.
SABINA: *(Suelta una carcajada. A* TERENCIA, *dándole una llave.)* Mejor, sírvenos vino. Del bueno que está al final de
la bodega. *(A la maga.)* Yo no soy una de esas meretrices

con las que malvives en los prostíbulos de Cánope. No bebo cualquier cosa.

TERENCIA *sale. Los guardias la siguen a una señal de* SABINA. *Las dos mujeres quedan a solas.*

HECHICERA: *(Prudente.)* Yo sé bien a quién hablo. Tú eres Vibia Sabina, emperatriz de Roma y la dama más poderosa del Imperio. Y yo solo una vulgar lectora de palabras invisibles, hija y nieta de esclavos. No pretendía ofenderos. Pero, a veces, es difícil saber cómo agradaros o serviros si no me decís claramente para qué me habéis hecho venir a estas horas, de incógnito, y prácticamente a rastras.

SABINA: *(Mirándola con desconfianza.)* Mala maga eres entonces si todo tengo que explicarlo. *(Se saca de su traje una pequeña bolsa.)* Pero haces bien en recordar quién soy. La sangre del gran Trajano corre por mis venas y también yo gobierno el mundo, porque soy augusta y porque los mismos dioses me eligieron para ser la madre de esta inmensa patria. Y, como buena madre, yo siempre pago bien a quien me sirve. *(Extrae del peculio unas monedas que tira al suelo. La* HECHICERA *duda, pero acaba agachándose a recogerlas.)* ¿Te parece suficiente?

HECHICERA: *(Asiente, algo nerviosa y guardándose las monedas.)* Es más de lo que merezco…

SABINA: *(Rápida, le arrebata la última moneda y se la muestra.)* ¿Es más? Pues, entonces, no malgastemos el erario público y paguemos solo lo acordado. ¿Ves aquí mi cara? ¿Ves mi nombre y el rostro de mi esposo? La grandeza de Roma no se vende ni se desperdicia. ¡Se hereda y cuesta mucho mantenerla!

HECHICERA: *(Algo desconcertada.)* Conmigo podéis estar tranquila.

SABINA: *(A la defensiva.)* ¿Por qué no iba a estarlo?

HECHICERA: *(Casi arrepentida, mira hacia el cadáver, sin encontrar bien las palabras.)* Todo… Todo se ha cumplido como esperabais, ¿no?

SABINA: *(Furiosa.)* ¿A qué te refieres, reptil? ¿Insinúas que yo he tenido algo que ver con esta desgracia?

> La HECHICERA *balbucea.* SABINA *vuelve a soltar una carcajada.*

SABINA: *(Recomponiéndose.)* ¡En qué mala hora confié mis inseguridades en ti y te abrí mi corazón para compartir contigo mis temores! ¿En serio creíste que yo deseaba la muerte de Antínoo? ¿Alguna vez te pedí yo semejante crimen?

HECHICERA: *(Retractándose.)* Por supuesto que no… Pero preguntasteis tantos detalles sobre los sacrificios que practicamos con él y el emperador y, a su vez, os mostrasteis tan… tan preocupada, tan desesperada, que pensé…

SABINA: *(Nuevamente furiosa.)* ¡No te pago para pensar! Solo te pedí que le siguieras, que fueras una extensión de mis ojos y vigilaras con tus quedas pezuñas todo cuanto hacía… Y que luego me informaras. Eso y nada más que eso fue lo único que te ordené.

HECHICERA: *(Asintiendo.)* Y obedecer es lo que hice.

> SABINA *se derrumba sobre un sillón, sin parar de renegar, casi asfixiada.*

SABINA: Entonces, ¿por qué te revuelves y viertes contra mí tu vil calumnia? ¡Los dioses me castigan y se ríen de mis miserias a través de una repulsiva sabandija! Sabía que esto acabaría ocurriendo. ¡Lo sabía!

HECHICERA: Dijisteis que nunca habíais tenido paz desde que Adriano conoció al muchacho y lo llevó consigo en su séquito. Me hablasteis de que era imprescindible acabar con la posibilidad de que el césar le adoptara como sucesor y que teníais que conseguir, de la manera que fuese, apartarlo del emperador aprovechando que estabais en Egipto y que Antínoo parecía haber perdido el juicio…

SABINA: *(Sin dar crédito.)* ¡Pero nunca dije nada de matarlo!

HECHICERA: Yo solo le mostré el camino, le enseñé los ritos, le respondí a lo que me preguntó y le ayudé a comprender cuál era su destino, su salvación… Lo demás lo hizo por sí solo.

SABINA: *(Estalla.)* ¡Cállate o te machacaré esa lengua con mis propias manos! ¿Cómo te atreves? ¿Cómo no te ahogas ahora mismo con la misma ponzoña que vomitas? ¿Cómo no hiciste nada por salvarlo?

HECHICERA: *(Arrodillándose.)* Os suplico que me perdonéis, señora. ¡Yo ni le maté ni hice nada malo! ¡Él vino a mí! ¡Fue él quien me pidió que interpretara las señales de sus sueños y yo solo reverberé lo que me dictaron mis visiones! Sin mi ayuda y sin la vuestra, igualmente se habría sacrificado. Además, os lo dije. Desde el primer instante, encontré tras sus ojos a Osiris reencarnado, a la mismísima Muerte queriendo huir despavorida de la mortaja de sus párpados. Él quería morir, os lo aseguro. De alguna manera, él ya lo tenía decidido al margen de nuestras voluntades o presagios. Debéis creerme. En realidad, yo no hice absolutamente nada. Ni tampoco tuve ocasión de impedirlo. No hubiera podido. *(Saca las monedas y se las ofrece a la emperatriz.)* Y ya que nada hice, os devuelvo vuestro pago. ¡Os juro que jamás contaré a nadie nuestros acuerdos! *(Suplicante.)* Ha sido voluntad de Ra que sus rezos caminaran por la misma senda de los vuestros. Yo seguí sus huellas hasta que se perdió en el ribazo y esa fue la última vez que le vi con vida, ¡os doy mi palabra! El destino a veces cumple nuestros deseos de la forma más inesperada…

SABINA: *(Da un manotazo a las monedas y estas caen por el suelo. SABINA solloza.)* No entendiste nada de lo que te dije. Absolutamente nada. ¡Antínoo está muerto! ¿De qué me sirve ya tu mísera palabra? Está claro que ni tú ni yo hablamos el mismo idioma. Nunca debí haberte buscado. Nunca debí escucharte ni confiarte mis tribulaciones. Ojalá se me hubiera parado el corazón antes de requerir tus servicios. Ojalá que nunca nada de esto hubiera sucedido y jamás hubiese aceptado acompañar al césar en este interminable viaje… *(Dramática.)* Ojalá pudiera retroceder en el tiempo y volver a estar en el vientre de mi madre para nunca haber nacido…

SABINA *no encuentra consuelo. La* HECHICERA *teme por su destino y opta por consolarla como única manera de salvarse.*

HECHICERA: *(Maternal.)* No habléis así. Sí que os entendí. Nítidamente. Tal que las estrellas ven su reflejo escrito en la piel del Nilo durante las noches de calma. *(Se arrodilla junto a ella.)* Os entendí y hasta pude ver los ojos de vuestra madre a través de vuestros ojos…

SABINA: *(La observa, sorprendida.)* Tú… ¿Tú también la ves?

HECHICERA: *(Afirmando. Improvisa.)* Matidia se llamaba, ¿no es así? *(*SABINA *asiente, desconcertada.)* Yo veo sombras donde las luces ciegan, señora. Veo hasta futuros y horizontes que ojalá nadie alcanzara. Es un don a la par que un gran castigo. Por eso me oculto en las tabernas, en los rincones pestilentes adonde jamás acude gente honrada o en las ciénagas de este río que está lleno de trampas y peligros. Oísteis hablar de mí, escuchasteis mis latidos, preguntasteis por mí al desembarcar en Alejandría y le hablasteis de mí a vuestro marido. Y a los dos os he servido sin hacer preguntas.

SABINA: *(Recuperando la compostura.)* Yo, a veces, también creo ver a mi madre, pero no entre sombras, sino entre llamas espantosas. Pero ella está siempre sonriendo, junto a mi tía, la gran Plotina. A veces me parece que ambas se burlan de mí, espiándome desde el Hades. Por eso prefiero no mirarla y pensar que es tan solo un espejismo o un error de mi memoria. Es Adriano quien cree en brujerías y en hechizos. Él y su favorito. Yo solo creo lo tangible. Me desesperan los silencios y los muros, o los besos y susurros que no entiendo. A los dos les divertía ir a esos sitios oscuros persiguiendo siempre placeres nuevos o temblores aún desconocidos. Sabía que irían a Cánope a buscarte y por eso quise saber lo que tramaban. Solo eso. ¡Qué equivocada estaba y qué terrible final tan contrario a mis deseos!

HECHICERA: Pero, ¿acaso no os lo conté todo en secreto como me pedisteis? Y os aseguro que yo no vi en ninguno de ellos ni conspiraciones ni atisbo alguno de vuestros temores.

SABINA: No las viste porque son políticas de estado que tú no entiendes. Pero yo he recibido cartas desde Roma que demuestran que sí que las había. Testimonios que confirman las calladas ambiciones de Antínoo por acceder al trono o de, al menos, compartirlo. Al no tener descendencia, sé que Adriano habría acabado nombrándolo finalmente su heredero. Ya lo era, en cierta forma. Con ese griego siempre fue débil. Más que con cualquiera de los otros. Pero ciertos ciudadanos de bien, generales y senadores poderosos, nunca habrían consentido que un advenedizo como él llegara a estar algún día al frente del Imperio. Comprendo que se sintiera con derecho, pero el amor no es ningún mérito para recibir honor tan grande, ni tampoco da el poder que precisa gobernar este Orbe que no entiende de amoríos ni de filosofías, sino de traiciones y de guerras. Esa es, al menos, mi versión. Intenté de todas las maneras salvarles de esa ensoñación imposible que entre ambos mantenían, pero, al final, solo pude salvar al césar. Y ni él ni la posteridad me lo perdonarán ya nunca.

HECHICERA: *(Mirando el cadáver.)* A eso me refería, señora. No me mal interpretéis. Lo que ha ocurrido es, sin duda, una desgracia, pero también una liberación para esos otros pavores que tanto os acuciaban. El destino cambia de sitio los dédalos de la esperanza cuando se encapricha. Al oíros imagino, además, que habréis debido sufrir mucho por la pasión que el emperador mantenía con el griego…

SABINA: *(La mira y acaba sonriendo de nuevo.)* ¡Tonterías! Para mí eso jamás supuso un problema. Pero tú eres una bárbara y no lo entenderías.

HECHICERA: Quizás por eso no vi esas conspiraciones de las que habláis cuando Antínoo me abrió su corazón y lo que sí vi fueron unos ojos llenos de amor humedecidos por el miedo.

SABINA: ¿Miedo? ¿Amor? ¡Qué sabrás tú! Ya sé que ellos se adoraban como los héroes antiguos, como si se creyeran reencarnaciones de Alejandro y Hefestión o, incluso, de los célebres Aquiles y Euristeo. Confieso que, en ocasiones, ha sido una tortura ver al hombre más poderoso del mundo emular, junto a su efebo, todas esas idílicas querencias durante algunos de sus juegos, sus cacerías o sus viajes a lo largo del Imperio. Pero para ellos era solo una aventura. Un rito entre camaradas libres que en nada podía compararse con las pasiones estériles ni a las calenturas de esos padres de familia que se pasan horas metidos en los baños o en los gimnasios hasta que se arrugan, se sacian o se hastían, y regresan luego a sus casas para abrazarse a sus esposas. ¿Por quién me tomas? ¡Nosotros somos romanos! Las matronas de mi clase no se escandalizan por los flirteos de nadie. Lo que nos escandaliza es que se sepan. No es malo enamorarse de quien se quiera; lo vulgar es que se note. *(SABINA mira con impaciencia hacia la salida.)* Además, los hombres no aman como nosotras.

HECHICERA: *(Disimula su desacuerdo.)* La naturaleza se contradice de infinitas formas y no suele atender a nuestras costumbres…

SABINA: *(Corrigiéndola.)* La naturaleza lubrica de miel las vulvas de las hembras para atraer al varón y perpetuar así la supervivencia de nuestra especie. Ese es el único amor que medra, el más sagrado, el que ayunta bienes y fermenta. Lo demás es lujuria, orgía, decadencia, semilla derramada en el fuego… Allá cada cual con sus preferencias o con el sitio donde pose su estima. Ni tengo nada en contra de nadie ni me importa.

HECHICERA: Parece que, entonces, desconocéis lo que es el amor o quizás ambas demos un mismo nombre a sentires diferentes.

SABINA: ¿Que no conozco el amor? Como clarividente, desde luego, mal aciertas y alardeas de una sabiduría que no alcanzas... Tú de mí no sabes nada, así que controla esa arrogancia y no olvides con quien hablas.

HECHICERA: *(Algo desesperada. Intenta agradarla.)* Por supuesto, señora. Humildemente os suplico que me perdonéis. Me habéis abierto ya varias veces vuestro corazón y os he tomado tanto aprecio que, sin querer, me dejo llevar por el afecto y la admiración que os profeso. Es verdad que no os conozco, ciertamente, en profundidad, pero sí lo suficiente como para adivinar cuánto os hace sufrir la batalla que se libra en vuestra alma. ¡Pues claro que sabéis del amor! Pero se os ve siempre tan triste. Y creo, honestamente que, si me lo permitís, yo misma podría intentar ayudaros. ¿Qué mal hay en que os sinceréis conmigo si eso puede aliviaros? ¿Por qué no me contáis eso que tanto os preocupa? ¿Acaso tiene que ver con lo que cuentan de que vuestro esposo no os ha hecho feliz porque no habéis podido darle hijos?

SABINA *se queda paralizada y la mira con desprecio.*

HECHICERA: Bueno, es lo que dicen algunas malas lenguas, por supuesto. Disculpad el atrevimiento, pero solo os lo pregunto porque, si eso es lo que os preocupa, yo misma podría facilitaros un remedio. Podéis confiar en mí porque ya he asistido a varias damas romanas y...

SABINA: Ni me interesa ni preciso de ningún remedio. Los hijos no siempre nacen del amor ni todas las hembras lo desean. *(Ríe, cayendo en la cuenta.)* De hecho, los míos nacieron afortunadamente muertos.

HECHICERA: *(Imprudente, se queda sin argumentos.)* Vaya. No os entiendo. Entonces, ¿es cierto que no amáis al emperador? ¿Y a quién ama entonces Vibia Sabina, emperatriz de Roma?

SABINA: *(Indignada.)* ¿Y tú cómo te atreves, alcahueta inmunda, a interrogarme y a dar voz a esas habladurías en mi propia cara? ¿Quién te crees que eres?

> TERENCIA *regresa con una bandeja portando dos copas y una jarra con vino.* SABINA *amaga su ira y la cambia por una forzada sonrisa. La* HECHICE-RA *suspira casi aliviada al verla.*

SABINA: *(Recelosa.)* ¡Por fin! Pero, criatura, ¿por qué has tardado tanto?

TERENCIA: *(Esquiva. Le devuelve la llave.)* Con el balanceo del barco, perdí el equilibrio, se me derramó un poco de vino y tuve que volver a la bodega. Perdonad, señora.

SABINA: *(La regaña, pero solícita.)* ¡Ay! ¡Nunca estás en lo que estás! *(Casi sospechando algo.)* ¿Y la guardia?

TERENCIA: *(Tratando de no dar explicaciones.)* Fuera, amarrando la barca.

SABINA: *(Sonríe, más afectuosa, puede que algo desconfiada.)* Ya… A ti sí que voy a amarrarte como a una mascota para que no te escapes… Sírvenos, anda.

> *La esclava obedece. Escancia el vino en una preciosa copa para la emperatriz y en un vulgar cuenco para la*

maga. SABINA *no cesa de admirarla con una enigmática sonrisa.*

SABINA: La egipcia y yo conversamos del amor y de los hombres, así que sírvele con abundancia, que hoy parece tener la lengua suelta. De hecho, ha osado insinuar que no amo al emperador. ¿Qué te parece? Es atrevida, ¿no crees?

TERENCIA *sonríe. Luego llena la copa de la* HECHICERA, *que palidece al vaticinar su incierto sino.*

HECHICERA: Perdonad si he sido indiscreta. Yo solo…
SABINA: *(Firme.)* ¡Cállate y bebe, mujer! Aprovecha, porque no creo que en tu vida hayas probado un vino mejor que este.

La HECHICERA *hace intento, pero está aterrorizada.*

SABINA: ¿Qué ocurre? *(Ríe.)* ¿Crees que voy a envenenarte a estas alturas o esa escudilla es demasiado tosca para tus labios llenos de verrugas? *(Sin parar de reír, le arrebata el recipiente y se lo bebe ella, con alegría. Luego le acerca a la bruja su lujosa copa y le hace un gesto para que beba.)* ¿También vas a desconfiar de mi copa? *(Se miran, retadoras.)* Las verdades siempre ofenden y siempre son escandalosas. ¿Te crees que no sé lo que la gente murmura a mis espaldas? Por supuesto que no amo al emperador ni llegué a quererle nunca. Al menos, no como los infelices de la plebe que libremente se desposan o sucumben a los dardos de Cupido estando ebrios. *(Mirando hacia el cadáver de Antínoo.)* Y, desde luego, tampoco como los afortunados que los dioses eligen y elevan al Olimpo por encima de todos los mortales. *(Alza su cuenco hacia Antínoo y luego brinda con la maga.)* ¡Vamos, bebe! ¡Brindemos por el griego! ¡Por Antínoo! ¡Por los amores y los héroes!

> *La* HECHICERA *acepta a regañadientes el envite y se lleva a la boca la jarra ofrendada por Vibia. Ambas apuran sus copas. A una señal de la emperatriz,* TERENCIA *vuelve a rellenarlas.* SABINA *se dirige al cadáver y ve las monedas en el suelo.*

SABINA: *(A TERENCIA.)* Recoge ese dinero.

> *La esclava obedece y está a punto de perder el equilibrio.*

SABINA: *(Irritada.)* ¿Se puede saber qué te pasa?
TERENCIA: Perdón, señora. Al agacharme me dio un vahído. *(La chica sonríe, quitándole importancia.)*. No es nada.
SABINA: *(Renegando, le sonríe.)* Ya sé que te sienta mal navegar. ¡Pobrecilla! Dentro de nada atracaremos y descansaremos por fin en un palacio.

> *La joven asiente, agradecida.* SABINA *pasa su mano por encima del sudario del muerto con los ojos cerrados, sin rozarlo. Desde allí le habla a la maga.*

SABINA: Entonces, tú sí que conoces el mundo de los hombres, ¿no? *(Silencio.)* Yo no, aunque hubo un tiempo en que creí saberlo todo sobre ellos. Me casé muy joven, contra mi voluntad, por supuesto. Sabía que me estaban utilizando para acercar a Adriano al seno de Trajano y afianzar así su sucesión. Mis padres me utilizaron. Luego, la misma Plotina, esposa de Trajano, también me utilizó. En vez de una mujer, he sido como una herramienta. Mi propio esposo me utiliza, pero no me usa… *(Ríe, trágica.)*

TERENCIA: *(Entregándole las monedas.)* El césar la ama, señora. Y es bueno con nosotras.

SABINA: *(Con firmes reservas, niega.)* Después de tantos años juntos, solo nos toleramos como dos reses ayuntadas que arrastraran a latigazos del Imperio. *(Se guarda las monedas. Luego apura su cuenco.)* ¡Más vino! *(TERENCIA obedece.)* ¿Qué crees, vieja? ¿Que yo no sabía que el emperador buscaba a los jovencitos antes de mi matrimonio? ¡Pues claro! Al principio, creí que cambiaría y que solo yo podría darle el verdadero amor que necesitaba. Incluso engendramos un par de hijos, pero los perdí antes de que nacieran. ¡Qué ingenua! Luego, cuando descubrí que el amor no tenía nada que ver con lo que describían los poetas en los libros que leí, me negué a traer al mundo nada que pudiera perpetuar la especie de ese hombre que, de repente, tanto me asqueaba. Pero no porque me compartiera con sus efebos, como tú o la gente vulgar se imagina, sino porque sencillamente él no me gustaba. ¿Acaso no puede una mujer elegir a quien meter entre sus piernas? Eso él nunca me lo perdonó. Siempre fue tan orgulloso, tan engreído… Así que, desde entonces, jamás volvimos a tocarnos. Sobre todo, desde que ya logró ser nombrado emperador y yo dejé de serle útil. Después supe que, durante sus viajes, tuvo algunos bastardos con varias meretrices. Feos como monos. Alguno hasta mauro como la tiña. Siempre gustó de probar cosas exóticas. Ni le culpo ni su vida privada me interesó nunca. Yo me enamoré de su mentira y él se desposó con mis engaños. Al aceptarlo, ambos nos convertimos en cómplices de un pacto de estado. Eso ha sido todo.

> *La* HECHICERA *empieza a encontrarse mal.* SABINA *desvela el torso de Antínoo y lo observa, conmovida.*

SABINA: Desde entonces, por el lecho de Adriano han desfilado hombres y mujeres, creo, que de todas las provincias del Imperio. No muchos más que por el mío. Pero ninguno tan bello como este. ¿Le has mirado bien? Hasta muerto sigue siendo la criatura más hermosa que jamás he contemplado. *(Pensativa.)* Con el tiempo, aprendí a ser la más discreta de las esposas, la más púdica, la más ejemplar: la emperatriz perfecta. Al menos, a aparentarlo. Y todo parecía ir más o menos bien en nuestro acuerdo hasta que apareció este griego. Cuando le vi por primera vez, todo se quebró de repente. Hasta yo misma me quedé deslumbrada ante una lindeza tan divina. Pero él jamás me admiró en ese sentido, por supuesto, y, con frecuencia, tan solo me vio como si fuese su enemiga. ¡Qué lástima de todos nosotros! Pronto sentí que mi inocencia se me escapaba como la sangre, como la vida que se derrama ante una vena abierta. Nunca vi una devoción así ni tan recíproca. Nunca vi a Adriano tan feliz. Aquel amor lo alejó aún más de mí y me desplazó a los extremos invisibles. De ser una herramienta, pasé a ser un estorbo. La confirmación pública de ese amor, con el tiempo, ha sido, además de un insulto, la negación de mí misma, no como mujer, sino como persona. *(La anciana sufre un repentino dolor.)* Cuando el joven creció, lo que empezó siendo solo un romance apasionado, se convirtió en un compromiso que todos sus amigos festejaban y que a mí me humillaba como soberana. Y no solo a mí. También a muchos grandes de Roma, como antes te decía. No fueron prudentes. No se daban cuenta de que su felicidad ennegrecía de sedición y de envidia a los que no éramos tan dichosos. Los palacios se llenaron con sus estatuas y su efigie ocupó incluso mi lugar en algunos ritos oficiales. No lo ocultaban. Al contrario. Hay verdades que se saben pero que no deben decirse a voces porque no todos las entienden. Traté de hacérselo ver, pero siempre me acusó de imaginarme conspiraciones, como tú. Nadie más parecía escuchar las risas, excepto yo. Risas por los rincones, por las calles… Risas que se reían de mí, que se reían de Roma…

HECHICERA: *(Con fuertes punzadas en el abdomen y sin apenas fuerzas para hablar.)* ¿Qué le habéis echado a este vino?

SABINA: *(Le cuesta volver a la realidad.)* ¿Qué? ¿Al vino? ¿Yo? Nada. Me lo traen desde Hispania en ánforas especiales para que se conserve exquisito. ¿Qué le ocurre? ¿No te gusta? A mí me encanta y siempre lo llevo conmigo, ¿verdad, Terencia?

> TERENCIA *asiente, mirando con terror a la anciana, que parece ahogarse y, entre náuseas, examina la copa con torpeza.*

SABINA: Aunque la copa sí que pertenece a mi ajuar privado. Es de oro, pero no macizo. Si la miras bien, comprobarás que, en su base, contiene una minúscula clepsidra de cristal que, al presionarse, libera una mezcla letal de arsénico y cicuta. Me la regaló una princesa persa junto a una advertencia: "Usadla solo para salvaros o salvar aquello que más os importe". Y por eso te he invitado a beber de ella.

> La HECHICERA *advierte entonces el mecanismo y le sobreviene una arcada.* TERENCIA *la observa, horrorizada.*

HECHICERA: ¿Por qué?

SABINA: Porque esta es la única manera de asegurarme de que jamás nadie mancille mi memoria.

HECHICERA: *(Maldiciéndola.)* Vuestra memoria acabáis de sentenciarla ahora, desgraciada… Sabed que moriréis sola y entre llamas de locura…

> SABINA *la mira morir, sin alterarse.* TERENCIA *se lleva la mano a la garganta, paralizada.*

SABINA: *(A la esclava, fría.)* Recógelo todo y avisa a los guardias de manera discreta.

> TERENCIA *es incapaz de moverse y respira con ansiedad.*

SABINA: *(Le grita, furiosa.)* ¡Vamos! ¿A qué esperas?

> TERENCIA *asiente, recoge las copas y sale dando gemidos. El cadáver de la* HECHICERA *queda sobre la mesa.*

SABINA: *(A Antínoo.)* Por fin ya pasó todo. Se acabaron ya las pesadillas, los miedos, los sacrificios y las mentiras. Parte tranquilo. Yo cuidaré del emperador como he hecho siempre. Igual que hacías tú o, incluso mejor, si cabe. Los dos te honraremos como el preferido de los hijos, porque tú sí naciste en nuestras vidas por amor. *(Se saca una de las monedas. La mira, se la muestra al muerto y se la introduce en la boca, emocionada.)* Ten, ser divino: lleva esta moneda en tu largo viaje. En ella estamos el césar y yo. Así siempre estaremos contigo compartiendo la grandeza de Roma dondequiera que vayas. Te echaremos de menos y te recordaremos todos los días. Gracias por la felicidad que nos diste y que la tierra te sea leve.

> SABINA *cubre el cadáver. Se enjuga las lágrimas.*
> TERENCIA *regresa junto a los* PRETORIANOS,
> *que observan con prudencia la escena.*

SABINA: *(Recuperando su majestad.)*. ¿Ya ha amanecido?
TERENCIA: *(Sigue llorando, casi sin aire.)* Clarea, pero por el oeste se aproximan nubes negras.
SABINA: *(Pragmática, les señala el cuerpo de la vieja a los soldados.)* Lleváosla y arrojad su cuerpo al agua sin que nadie pueda ser testigo. Aseguraros de arrancarle antes la lengua y de lastrarla con piedras para que sus restos jamás retornen a la superficie. *(Se saca las monedas que le quedaban, las divide en dos montones y se las entrega a los guardias.)* Y procurad mantener siempre las bocas cerradas si queréis seguir sirviendo a Roma. *(Les bendice con un gesto.)* Después, regresad rápido a por nosotras. Antes de que despierte Adriano debemos estar en su barco.

Los PRETORIANOS *se cuadran, obedecen y salen con el cuerpo de la* HECHICERA. SABINA *le abre los brazos a* TERENCIA, *que se abraza a ella, desconsolada y transida.*

SABINA: *(Maternal, a la esclava.)* Menos mal que tú sí que me cuidas y me entiendes. *(La muchacha no puede parar de llorar. La emperatriz le seca las mejillas y la besa delicadamente.)* ¡Tranquilízate, pequeña! ¡No llores! Esa bruja era una mujer perversa y solo pretendía hacernos daño. Cuando esto acabe, nos marcharemos a Hispania, a alguna de mis villas. Y allí no nos gobernará nunca ningún hombre. Pero antes de partir a Roma, aprovecharemos para ver los colosos y las pirámides, ¿qué te parece? En Alejandría compraremos rosas azules y visitaremos la tumba de Cleopatra, el faro y… *(La chica casi pierde la conciencia, escurriéndose sobre la emperatriz.* SABINA *no entiende qué le pasa y la mira, asustándose por momentos.)* Pero, ¿qué te ocurre? ¡Terencia!
TERENCIA: *(Agonizando.)* Solo me mojé los labios. ¡Lo juro, señora!
SABINA: *(Horrorizada.)* ¿Qué? *(Entendiéndolo todo, de repente.)* ¿Qué has hecho, insensata? ¿Bebiste? ¿¡Has bebido de mi copa!? ¡Responde!
TERENCIA: Solo tomé un sorbo del vino para bromear con los soldados y la cogí por debajo sin darme cuenta… Yo… No lo sabía… ¡Me quema!… ¡Me quema, señora!…

TERENCIA *se desploma sin que* SABINA *pueda sostenerla.*

SABINA: *(Grita.)* ¡No! ¡Tú no! ¡Tú no puedes dejarme sola! *(Desesperada.)* ¡Guardias! ¡Traed a Hermógenes! ¡Deprisa!

¡Horror de tu maldición, hechicera! *(Se araña las mejillas y gime de impotencia.)* ¡Tú no, niña mía! ¡A mí la guardia! *(A gritos.)* ¡Adriano! ¿Dónde estás? ¡Sálvame ahora como antes yo tantas veces te salvé la vida! ¿Por qué nadie me contesta? ¿De veras no queda un hombre o una sola mujer que auxilie a la emperatriz de Roma? ¡Ay, Terencia! ¿Quién contará entonces ahora mis versiones de esta historia? *(Mira hacia el cadáver de Antínoo y, al hallar en el silencio la respuesta, ríe como si perdiera la cabeza hasta que el llanto se apodera de ella.)* ¡Guardias! ¡Guardias!

El cuerpo sin vida de TERENCIA *inicia el largo camino de los muertos a los pies de Vibia. También la luz se extingue. En el oscuro final, ya tan solo oiremos sobre el Nilo un largo lamento que se ahoga bajo el sollozo de la lluvia.*

Portvs Gaditanvs, año 2024 después de Augusto.

Modalidad de Teatro Breve:
Segundo Accésit

Hipólita y Fedra

de

Alejandro Nieto Cruz

Hipólita y Fedra

DRAMATIS PERSONAE

TESEO, rey de Atenas
ARIADNA, espíritu de una princesa de Creta
FEDRA, princesa de Creta y futura mujer de Teseo
HIPÓLITA, reina de las amazonas y antigua mujer de Teseo

ESCENA I - Ariadna y Teseo

Sala del trono. Noche.
Teseo, rey de Atenas, duerme sentado en su trono. Una
fantasmagórica voz lo despierta de su sueño profundo.

ARIADNA: Teseo…
TESEO: ¿Acaso no conozco yo esta voz?
ARIADNA: Teseo…
TESEO: Oh, dioses, ¿qué habéis traído ante mí?
ARIADNA: Teseo…
TESEO: ¡Presentaos de inmediato ante mí! ¡Os lo exige Teseo, rey de Atenas!

De entre las tinieblas de la sala emerge Ariadna.

TESEO: ¡Por Zeus, sois vos! ¿Cómo es esto posible? ¿Sois real o acaso sois producto de un sueño?
ARIADNA: Mi querido rey Teseo, cuánto tiempo sin veros.
TESEO: Demasiado corto, en mi opinión. Nunca está preparado uno para recibir visitas venidas de tan lejos.
ARIADNA: Debía venir, mi rey, ¿o es que acaso no consideráis descortés no haberme invitado a vuestra boda? ¿Se extravió la invitación?
TESEO: Desconocía yo que los mensajes podían llegar hasta el Hades.
ARIADNA: Pues llegan, mi rey, y no os podéis imaginar hasta qué punto estamos informados de todo lo que aquí arriba acontece. No son pocos, sin embargo, quienes lo eluden. Cierta nostalgia trágica les invade cuando escuchan noticias de los vuestros.
TESEO: Quizás también vos deberíais seguir su ejemplo.

ARIADNA: Pero, mi rey, ¿y perderme semejante aconteci-
miento? Sobre todo, teniendo en cuenta la nueva esposa que habéis escogido. Es curioso, sin duda. ¿Debería
sentirme halagada?

TESEO: ¿A atormentarme es a lo que habéis venido? ¿En la
noche antes de mi boda?

ARIADNA: No es de mí de quien deberíais preocuparos, rey
Teseo.

TESEO: ¿De qué habláis entonces?

ARIADNA: Mañana al atardecer contraeréis matrimonio con
otra mujer, incauta de ella, mas en esta ocasión poderosos vínculos aún os retienen con vuestra anterior esposa.

TESEO: ¿Habláis de Hipólita? ¿Es que acaso planea hacer
algo durante la boda? ¡Hablad sin demora!

ARIADNA: Se presentará mañana durante la ceremonia,
pero no sola, sino junto con sus fieles amazonas. Re-
clamará venganza y tratará de recuperar aquello que le
arrebatasteis, aquello que le pertenece de acuerdo con
las leyes naturales de los dioses.

TESEO: ¡No lo conseguirá, desplegaré a todos mis soldados
para evitar que ponga un solo pie en Atenas! ¡Una mujer no desafiará al rey de Atenas, y menos en el día de
su boda!

ARIADNA: Subestimáis la fuerza y pericia de las amazonas.
Se habrán infiltrado entre vuestros hombres antes de
que os podáis dar cuenta siquiera de ello. Además, legítimo derecho ampara a Hipólita en su reclamación,
encarna la reina de las amazonas a la mismísima justicia
en su propia piel. Vos, criminal y traidor, no podréis le-
vantaros en armas contra ella para impedir su voluntad.
No podéis hacer nada para evitarlo.

TESEO: ¿Osáis llamar al mismísimo rey de Atenas, sentado en su legítimo trono, criminal y traidor?

ARIADNA: ¿A cuántas mujeres habéis abandonado, a cuántas traicionasteis como hicisteis conmigo? ¿Cuántas más aguardan ese mismo destino?

TESEO: Me declaro inocente de todos los crímenes de los que me acusáis.

ARIADNA: ¿Negáis haber realizado tales actos?

TESEO: Fue mi mano la que los cometió, pero no fue mi voluntad la que la guio, sino la de los dioses. ¡Me confieso víctima de sus caprichos y pasiones!

ARIADNA: Vuestra desvergüenza me resulta repulsiva...

TESEO: Si eso es lo que os parezco, ¿qué es lo que hacéis aquí?

ARIADNA: Pobre rey Teseo, tenéis miedo de mí, pero vuestro orgullo os impide reconocerlo.

TESEO: ¿Por qué debería yo tener miedo de vos?

ARIADNA: Porque por muchas mentiras que os hayáis contado para conciliar el sueño por las noches, sois consciente de vuestros múltiples pecados, del reguero de víctimas que habéis dejado a vuestro paso...

TESEO: Aún no habéis dicho por qué habéis venido a verme.

ARIADNA: Decid mi nombre.

TESEO: ¿Cómo?

ARIADNA: Decid mi nombre, Teseo.

TESEO: ¡No quiero!

ARIADNA: Tenéis miedo de decirlo, tenéis miedo de que al pronunciarlo hagáis realidad un pasado que creíais haber dejado atrás.

TESEO: ¡Silencio!

ARIADNA: Yo ya no pertenezco a vuestro reino, rey Teseo. No tengo que obedecer nunca más vuestras órdenes.

TESEO: ¡Os desprecio profundamente!

ARIADNA: Sí, Teseo, despreciadme, despreciadme con todo vuestro corazón, despreciadme hasta que vuestra alma se corrompa por el odio.

TESEO: ¡Monstruo abominable!

ARIADNA: Así sentiréis lo que sentí yo cuando el agua ascendía por mi cuello mientras buscaba con la mirada desesperada en el horizonte un barco que nunca iba a llegar.

TESEO: ¡Silencio, he dicho!

ARIADNA: Pero, recordad, Teseo, dejad aún hueco en vuestro corazón para el miedo, pues vuestro pasado se presentará mañana para saldar las cuentas pendientes y no podréis hacer nada para impedirlo.

Ariadna desaparece entre las sombras.

ESCENA II - Fedra y Teseo

Sala del trono. Mañana del día siguiente.
Teseo da vueltas de un lado a otro frente a su trono.
Fedra entra en escena con paso rápido.

FEDRA: Mi amado Teseo, ¿qué es lo que ocurre? ¿Por qué hay tantos soldados patrullando en nuestra boda?

TESEO: Es lo común, mi querida Fedra. Nuestra boda es un asunto de la mayor importancia para Atenas. Nuestros enemigos podrían aprovechar la ocasión para intentar atacarnos y acabar así con nuestra felicidad.

FEDRA: No me mintáis, Teseo. Seré joven, pero soy de linaje real. Soy consciente de las solemnidades habituales en este tipo de ceremonias y las medidas de seguridad que habéis tomado están completamente fuera de lo común.

TESEO: La seguridad es asunto de hombres, mi querida Fedra. No deseo que vuestra alma se vea perturbada por tan nimias cuestiones.

FEDRA: Mas, Teseo, yo voy a ser vuestra reina. Cuando al fin sea vuestra esposa, será sobre mi seno sobre el que apoyaréis vuestra cabeza cuando estéis cansado, melancólico o apenumbrado. Será conmigo con quien compartáis vuestras inquietudes cuando yazcáis en mi lecho. ¿Cómo voy a ser digna esposa si no confiáis en mí ni siquiera para asuntos de menor envergadura?

Pausa.

TESEO: No creeréis lo que os puedo contar.

FEDRA: Confiad en mí, Teseo. Otorgaré veracidad a toda y cada una de vuestras palabras.

Pausa. Teseo toma asiento en su trono. Fedra se arrodilla a su lado y le toma de las manos.

TESEO: En las vísperas de nuestra boda se me presentó un espíritu venido del Hades.

FEDRA: ¡Por todos los dioses!

TESEO: Era una mujer a la que una vez conocí... en uno de mis viajes. Debo confesar que aquella mujer se enamoró perdidamente de mí. Así son los designios de la diosa Afrodita.

FEDRA: ¿Aquella mujer fue... tu amante? Tranquilo, podéis contármelo, sé que aquel tiempo de aventuras de joven ha quedado ya atrás.

TESEO: Lo fue, debido a su gran insistencia. No me vi capacitado para rechazar sus amores, mas nuestro romance no duró mucho...

FEDRA: ¿Qué sucedió?

TESEO: La tragedia. Ella murió.

FEDRA: ¡Oh, mi pobre Teseo! ¿Qué es lo que ocurrió?

Pausa.

TESEO: Iba en mi barco de regreso a Atenas tras una de mis escaramuzas. Tuve que dejarla en una pequeña roca en medio del mar donde las mareas de Poseidón la devoraron por completo. No la volví a ver desde aquel fatídico día... Hasta ayer.

FEDRA: Mas no lo comprendo, ¿por qué abandonasteis a aquella mujer?

TESEO: Mi querida Fedra, ¡ojalá supierais cuánto apena a mi corazón haber dejado a aquella pobre mujer en aquella roca!

La voz de Ariadna resuena en la habitación, pero solo la escucha Teseo.

VOZ DE ARIADNA: ¡Decid mi nombre!

TESEO: ¡Mas no fue decisión de mi propia voluntad, sino que fue el capricho de los dioses el que me obligó a tomar aquella decisión!

VOZ DE ARIADNA: ¡Decid mi nombre, Teseo!

TESEO: *(Levantándose del trono).* ¡Callad!

FEDRA: ¿Qué decís? No he dicho nada.

TESEO: Disculpad, creo que… No sé muy bien qué ha pasado… Creo que estoy un tanto alterado.

FEDRA: Es normal, mi querido Teseo, estáis sometido a mucha presión. Se os ha presentado un espíritu proveniente del mismísimo Hades a causa de un acto… que os obligaron a realizar. Mas yo no os juzgo, Teseo. Conocedora soy de que sois un héroe y de que eso comporta soportar grandes pesares sobre vuestros hombros. Permitidme compartirlos con vos como vuestra futura esposa, posad vuestra cabeza sobre mi pecho y yo os consolaré.

TESEO: ¡Ay, Fedra, si esto se resolviera con los consuelos de una amada esposa! ¡No es la visita de esta mujer la que me tortura! No solamente, quiero decir. Sino la visita de otra mujer.

FEDRA: ¿A qué os referís?

TESEO: Este espíritu me advirtió de que Hipólita, mi antigua esposa, reina de las amazonas, se presentará en nuestra boda para causar un gran disturbio. Me temo, querida mía, que, como cualquier amante despechada, vendrá a reclamar venganza.

FEDRA: ¡No permitiré que eso pase! ¡Interpondré mi corazón entre su espada y su flecha antes de permitir que traspase el vuestro! ¡No dejaré que os haga el más mínimo rasguño!

TESEO: Sois de corazón noble y leal, mi querida Fedra. No os debéis preocupar lo más mínimo. No necesito más que confiéis en mí en todo momento. Nada me apenaría más que nuestro gran día quedara empañado por la visita de estas amazonas.

FEDRA: Lo comprendo perfectamente, amado Teseo. Ahora que habéis compartido vuestras inquietudes conmigo, ahora que habéis confiado de esta manera en mí, me siento mucho más preparada para ocupar mi lugar a vuestro lado como reina de Atenas. Partid, reuníos con vuestros hombres y haced todos los preparativos que requiráis. Pronto nos volveremos a reunir y en esta ocasión será para convertirnos en marido y mujer ante los ojos de los dioses.

Teseo la besa y abandona el lugar. Fedra se sienta en el trono.

FEDRA: Hoy, por fin yo, Fedra, hija menor del rey Minos y princesa de Creta, contraeré matrimonio con Teseo, rey de Atenas. Nuestro matrimonio pondrá fin al conflicto entre nuestros dos pueblos, mas no es este uno de esos matrimonios de conveniencia política. No, ¡esta es una unión forjada por el amor, por el amor bendecido por los dioses! Pues Teseo me eligió a mí entre todas. Teseo, el rey de Atenas, el héroe que derrotó con su ingenio al Minotauro en su laberinto, me ha elegido a mí, a la hija menor del rey Minos de Creta. ¡Qué orgullosa estaría de mí mi hermana mayor! ¡Fue siempre ella una romántica empedernida! Pese a ser princesa, creyó con firmeza desde que éramos niñas que en el amor la diosa Afrodita no decreta leyes inmutables. *(Pausa)*. La echo tanto de menos... Padre dijo que murió a manos del Minotauro, de aquella temible fiera. Dijo que mi hermana, en un acto de valentía, decidió hacerle frente para acabar con todas las muertes, aunque fueran las de jóvenes atenienses. Simplemente se fue, se fue como la heroína que ella era... *(Pausa)*. Mas no es este momento para melancolías y congojas, ¡es el día de mi boda! Vendrán para la ocasión los más ilustres personajes de Atenas y de Creta. Y tenemos un pequeño invitado muy especial para semejante ocasión: el propio vástago de Teseo. Me lo presentó el otro día. Es tan solo un pequeño retoño, pero ya se parece a su padre. Tiene sus facciones, su nariz, su boca, sus cejas, pero sus ojos... Sus ojos no son como los de su padre, no, de ninguna manera. Sus ojos son... salvajes, parece que provienen de otro mundo, otro mundo diferente al nuestro. El otro día me quedé un rato mirando directamente a aquellos dos ojos y me quedé... embelesada. Me transportaron a otro lugar, me dejé atrapar por ellos, permití que capturaran mi inocente corazón... Oh, por Zeus, ¿mas qué hago aquí ensimismada perdiendo el tiempo y diciendo tantas tonterías? Debo prepararme para el gran momento.

ESCENA III - Hipólita y Fedra

Entra Hipólita, interpretada por la misma actriz que Ariadna, empuñando en sus manos su arco de cazadora.

FEDRA: ¿Quién sois vos? No es esto posible, no podéis ser ella…

HIPÓLITA: *(La apunta con el arco).* Soy Hipólita, reina de las amazonas, que reclama al rey de Atenas como su igual que le devuelva lo que le ha arrebatado.

FEDRA: Pues yo soy Fedra, hija del rey Minos, princesa de Creta y futura esposa del rey de Atenas, y os exijo que abandonéis la ciudad sobre la que mi amado marido ejerce su reinado.

HIPÓLITA: ¿Sois la nueva esposa de Teseo? Os compadezco entonces, no sois pues mi enemiga. *(Baja el arco).*

FEDRA: No deseo vuestra compasión.

HIPÓLITA: Teniendo en cuenta vuestras circunstancias, pronto la necesitaréis igualmente.

FEDRA: Me repugnáis. No permitiré que arruinéis este día… *(Intenta abandonar la sala).*

HIPÓLITA: No os mováis. *(La apunta con el arco).*

FEDRA: Dijisteis que no era vuestra enemiga.

HIPÓLITA: Y no lo sois, mas no puedo tolerar que advirtáis al rey de Atenas de mi presencia sin que antes averigüe lo que necesito.

FEDRA: No revelaré yo nada que os pueda beneficiar. ¡Torturadme si os place, mas seguiré siendo fiel al vínculo que me une a Teseo!

HIPÓLITA: Vuestra entrega es encomiable, aunque dudo que vuestro vínculo fuera a resistir muchas adversidades.

FEDRA: ¿Dudáis acaso de mi amor?

HIPÓLITA: No, no es del vuestro del que dudo. *(Pausa).* ¿Dónde está?

FEDRA: No os lo diré. No me importan vuestras dudas, ¡lo amo con mi propia vida!

HIPÓLITA: Me lo arrebatasteis.

FEDRA: Acudís, despechada, a vengaros.

HIPÓLITA: No hablo de venganza, sino de justicia.

FEDRA: ¿Es justicia que la antigua esposa venga a reclamarle a la nueva lo que es suyo?

HIPÓLITA: ¿Con qué derecho decís eso?

FEDRA: Con el derecho que me otorgan todos los dioses, ¡con el derecho que me otorga el amor, el amor que solo puede entender una mujer!

HIPÓLITA: ¿Qué sabréis vos del amor?

FEDRA: ¡Todo! Comprendo vuestro dolor, mas no es mi culpa si los dioses me bendijeron con este regalo, me crearon para amarle, para adorarle con todo mi corazón.

HIPÓLITA: ¿De qué habláis?

FEDRA: Del amor que nos une a Teseo y a mí misma.

HIPÓLITA: ¡Por Artemisa, no hablaba yo de ese hombre!

FEDRA: ¿De quién entonces?

HIPÓLITA: De mi propio hijo, el que me arrebató el criminal que porta la corona de Atenas.

FEDRA: ¿Vuestro hijo?

HIPÓLITA: *(Bajando el arco).* ¿Qué sabéis de mí?

FEDRA: Fuisteis la anterior esposa de Teseo.

HIPÓLITA: ¿Y qué más?

FEDRA: No necesito saber más. No habla Teseo más que lo necesario de sus antiguas amantes, y no es honesto por parte de su futura esposa preguntarle por ellas.

HIPÓLITA: No sabéis entonces nada de mí.

Pausa.

FEDRA: Contadme pues.

Fedra le invita con una mano a sentarse en el trono. Hipólita se coloca junto al trono. Duda en sentarse. Fedra se acerca a ella. Hipólita accede finalmente a sentarse en el trono. Fedra se coloca a su lado.

HIPÓLITA: Toda reina de las amazonas porta un cinturón entregado por la propia diosa Artemisa a nuestro pueblo desde nuestros propios orígenes. Portaba el cinturón con orgullo como líder de las amazonas hasta que la catástrofe se cernió sobre nuestro pueblo. Los hombres llegaron. Eran decenas. Portaban espadas y escudos, liderados por Heracles, el bastardo de Zeus, que en busca de su propia redención pretendía arrebatarnos nuestra reliquia. Mis amazonas lucharon con fiereza contra los invasores, matando a muchos de ellos, haciéndoles retroceder. Yo misma me batía con Heracles y a punto de derrotarlo estaba cuando uno de sus hombres me atacó por la espalda, aprovechando la ocasión para arrebatarme el cinturón y huir con él. Mas no iba a permitir que escaparan impunes. Tomando con mis últimas fuerzas mi arco disparé una flecha directa hacia Heracles, siendo mi infortunio tal que en su lugar impactó contra otro de sus hombres, derrumbándolo contra el suelo. Finalmente, Heracles y los pocos invasores supervivientes escaparon.

FEDRA: Mas no entiendo qué relación guarda esto con mi marido y su hijo.

HIPÓLITA: Que el hombre que derrumbé con mi flecha era vuestro rey, vuestro amado rey, que había decidido unirse a la expedición del bastardo Heracles para arrebatarme lo que me pertenecía por decisión de la propia diosa Artemisa. ¡Ellos nos robaron nuestro tesoro y yo a cambio les debí haber arrebatado hasta la última de sus vidas! Insensata de mí…

FEDRA: Os agradezco que no lo hicierais.

HIPÓLITA: Fue un error por mi parte. Arranqué aquella flecha del cuerpo de aquel hombre al que había derrumbado y decidí capturarlo, otorgando así clemencia a quien no la merecía. Le otorgué una oportunidad de redención tomándolo como siervo perpetuo de la reina de las amazonas. Él ocuparía el lugar del cinturón que me habían robado. Aceptó, sin dudarlo, la oferta con la que salvó su vida. Al principio, fue un siervo fiel y leal, cumpliendo sus labores con asombrosa e inesperada diligencia, mas con el tiempo…

Pausa.

FEDRA: Os enamorasteis de él.

HIPÓLITA: ¡Me sedujo! Insensata de mí, no merecen las amazonas una reina tan imprudente. Era el único hombre que había convivido con mi pueblo tanto tiempo, siempre junto a mi lado… y él empleó sus artimañas. Incluso creí que él… *(Pausa).* De nuestra unión nació un precioso retoño, varón, mas hijo mío al fin y al cabo. Mis amazonas, bondadosas ellas, olvidaron las costumbres y decidieron celebrar el nacimiento de un nuevo bebé, sin importar su sexo, sin importar que la semilla proviniese de un árbol podrido. Durante aquellos festejos, me convenció para llevar unos días al niño a su ciudad exterior, para presentárselo a sus padres, para relatarles que había iniciado feliz una nueva vida.

FEDRA: Mas si los padres de Teseo murieron hace largo tiempo...

HIPÓLITA: ¡Circunstancia que yo desconocía! No solo aprovechó la ocasión para no regresar nunca, llevándose consigo al fruto de mi vientre, sino que días después un nutrido batallón de soldados atenienses asaltaría nuestros asentamientos, quemando nuestras tierras y diezmando a mis inocentes compañeras. Y, sin embargo, sobrevivimos. Tras tantos errores, no merecía seguir liderando a las amazonas, mas ellas me mantuvieron al mando, porque son bondadosas y justas, no como vuestros hombres. Ellas comprendían que yo había sido traicionada. Podía llegar a comprender que aquel hombre nos abandonara. Al fin y al cabo, todo preso intenta huir siempre de su condena, por muy justa que esta sea. ¿Mas qué necesidad había en destruir a mi pueblo? ¿Merecíamos aquel ataque cuando nosotras éramos las que habíamos sufrido antes la invasión del bastardo de Zeus? Y, sobre todo, ¿merecía yo que me sedujera para dar a luz a un niño al que planeaba raptar?

FEDRA: ¡Por todos los dioses! No puede ser eso cierto.

HIPÓLITA: Miradme a los ojos, a los ojos de esta madre desesperada por recuperar a su propio hijo, y atreveos a volver a afirmar que lo que os cuento no es cierto.

Pausa.

FEDRA: Vuestros ojos... Son idénticos a los de él.

HIPÓLITA: ¿Reconocéis entonces mi mirada en la de mi vástago?

FEDRA: *(Se aparta de Hipólita).* Esto no puede estar ocurriendo.

HIPÓLITA: Y, sin embargo, comprendéis que no puedo estar relatándoos otra cosa sino la verdad.

FEDRA: Amaba yo más mi propia versión de la verdad.

HIPÓLITA: Si sois mujer honrada, no podéis permanecer callada mientras esta injusticia se perpetra. No busco siquiera venganza contra vuestro rey, si bien es cierto que cualquiera reconocería que tengo derecho a ella. Solo deseo recuperar a mi hijo. Tenéis la obligación de ayudarme.

Pausa.

FEDRA: No deseo yo cuidar al hijo de otra mujer. No al menos en estas circunstancias.

HIPÓLITA: No necesitará que lo cuidéis vos si me lo devolvéis a mí.

FEDRA: Que así sea. Yo misma seré capaz de darle más hijos a Teseo. No necesitará al niño al que con tanto deseo buscáis recuperar.

HIPÓLITA: ¿Dónde se encuentra mi hijo?

FEDRA: *(Señalando a un lado de la sala).* Avanzad por allí y girad hacia el lado contrario. Si vais por ese camino, encontraréis el lugar donde vuestro hijo descansa dentro de su cuna.

HIPÓLITA: Sois una mujer honorable, vuestra decisión os ennoblece.

Hipólita va a abandonar la sala. En el último momento se detiene y se vuelve hacia Fedra.

HIPÓLITA: Sois una buena mujer.

FEDRA: Os lo suplico. Id a por vuestro hijo de una vez.

HIPÓLITA: Deberíais abandonar al rey de Atenas.

FEDRA: ¡Por Zeus! ¿Qué es lo que estáis diciendo?

HIPÓLITA: El hombre que porta la corona de esta ciudad es un mal hombre.

FEDRA: Lamento cómo os ha tratado Teseo, mas él es ahora otro hombre diferente del que habláis.

HIPÓLITA: Esa es la versión de la verdad que a vos os gustaría creer.

FEDRA: ¿En qué os apoyáis para afirmar lo contrario? Ya no le conocéis.

HIPÓLITA: En el pasado.

FEDRA: Todos cometemos errores.

HIPÓLITA: ¿Tantos? ¿Tan reiteradamente? ¿Sin mostrar tan poco arrepentimiento?

FEDRA: Quizás mi amor sea justo lo que necesita, quizás yo sea la elegida de los dioses para sanar su alma, para guiar al rey de Atenas por nuevos senderos.

HIPÓLITA: El sendero de vuestro rey está repleto de demasiados corazones rotos, de los cadáveres de otras mujeres como vos que pensaron que podrían domar la oscuridad de su interior. ¿Por qué creéis que os va a tratar diferente al resto?

FEDRA: Porque a mí me… *(Se detiene. Pausa).*

HIPÓLITA: ¿Y a mí no?

FEDRA: No quise decir eso.

HIPÓLITA: No importa, no vengo como amante despechada. Vengo como madre que viene a reclamar el fruto de su vientre.

FEDRA: Pues id a por él antes de que me arrepienta de colaborar con vos.

HIPÓLITA: Como deseéis. Espero no veros nunca como a otras de sus amantes. Abandonada en medio de una roca, sin esperanzas, con el agua ascendiendo por vuestro frágil cuello…

FEDRA: Fue el mismo Teseo quien me relató esa historia y puedo aseguraros que no se siente orgulloso de ello.

HIPÓLITA: ¿Cómo podéis conocer la historia de Ariadna y seguir al lado del rey de Atenas?

FEDRA: Disculpad… ¿Qué decís? ¿De quién habláis?

HIPÓLITA: De Ariadna de Creta. La primera víctima de las garras de este impune criminal. ¿Qué os ocurre?

FEDRA: ¿Con qué certeza afirmáis lo que me estáis contando?

HIPÓLITA: Con toda la posible. Es más que conocida por mí la historia de cómo vuestro rey abandonó, cuando aún era solo un príncipe, a la joven Ariadna en medio de los dominios de Poseidón con tal de no contraer matrimonio con ella. ¿Qué os aflige de pronto?

FEDRA: ¡Marchad! ¡Id a por vuestro hijo!

HIPÓLITA: Mas…

FEDRA: ¡Marchad ya!

Hipólita abandona el lugar. Fedra, abatida, se sienta en el trono.

ESCENA IV - Fedra y Teseo

Entra Teseo, que se acerca rápidamente al trono en el que aún se halla sentada Fedra.

TESEO: Amada Fedra, vengo en vuestra busca. Algunos de mis hombres me informan de que las amazonas ya se han infiltrado entre nosotros. Requiero de vuestra ayuda. Mas, ¿qué os ocurre?

FEDRA: *(Levantándose del trono).* Teseo, mi amado rey, mi amado esposo, ¿vos contestaríais con total sinceridad una cuestión, una única cuestión, si vuestra futura esposa os lo preguntara?

TESEO: Sin dudarlo.

FEDRA: ¿Cómo se llamaba la mujer de la que me habéis hablado, la mujer que se os presentó la noche pasada?

TESEO: ¿Y esa pregunta? No creo que eso sea relevante. Prefiero no recordar su nombre, me provoca un gran dolor hablar de este tema. Como buena esposa deberíais procurar no causar más angustia de la pertinente a vuestro rey. *(Teseo se sienta en el trono).*

FEDRA: Conozco mis obligaciones y siempre las cumpliré de buen grado, mas me habéis asegurado que me contestaríais con total sinceridad a lo que os pudiera preguntar. Haced honor a vuestra palabra, contestadme a esto y no volveré a preguntaros nunca nada más que os pueda importunar.

TESEO: No creo que…

VOZ DE ARIADNA: ¡Decid mi nombre!

FEDRA: Os lo suplico, Teseo, decid su nombre.

VOZ DE ARIADNA: ¡Decid mi nombre!

TESEO: El deber de una buena esposa es…

FEDRA: ¡Decid su nombre, Teseo!
VOZ DE ARIADNA: ¡Decid mi nombre, Teseo!
FEDRA: ¡Decidlo!
TESEO: ¡Ariadna, su nombre era Ariadna!

Pausa.

FEDRA: *(Abalanzándose hacia él).* ¡Asesino, asesino, vos matasteis a mi hermana! ¡Matasteis a mi hermana y me lo ocultasteis!
TESEO: *(Se levanta del trono y le agarra de los brazos).* ¡Por todos los dioses, conteneos de una vez!
FEDRA: ¡¿Cómo esperáis que me contenga?! ¡Vos matasteis a mi hermana y pretendíais casaros conmigo sin decirme nada al respecto! ¡Me he pasado la vida creyendo que murió como una heroína, enfrentándose a aquella horrible criatura en el laberinto! ¡Y ha sido una amazona la que me ha tenido que relatar la verdad!
TESEO: ¿Una amazona? ¿Habéis hablado con una de ellas? ¿Con Hipólita, verdad? Solo ella sabe esta historia. ¡Hablad sin demora, qué os ha relatado!
FEDRA: ¿Qué importa eso ahora? ¡Soy yo quien tiene ahora mismo derecho a saber por qué matasteis a mi hermana!
TESEO: No es eso asunto relevante en estos momentos.
FEDRA: ¡No me moveré de aquí ni os contaré nada hasta que me respondáis!

Pausa.

TESEO: No tuve más remedio. Soy, como os he dicho, víctima de los designios de los dioses.

FEDRA: ¿A qué os referís con ello?

TESEO: Tuve que hacerlo… por honestidad.

FEDRA: ¿Por honestidad?

TESEO: Así es. ¡Soy un amante honesto! Cuando amo a una mujer, la amo con todo mi corazón. Amé a Ariadna durante tres días, ¡con todo mi corazón! Mas no es mi culpa que al cuarto ya no la quisiera. Ella no comprendía que nuestra pasión había terminado y ella era princesa e hija del rey Minos. Llevarla a Atenas me habría atado a un matrimonio político, un matrimonio que yo no quería. Soy honesto, como os he dicho. No podía estar atado a un vínculo que no deseaba, un vínculo que de joven creía deber respetar. Rompí mi cadena de esclavo, no podéis juzgarme por ello. Era joven y había decenas de mujeres más en Atenas. ¿No hubiera sido egoísta con ellas haberles negado mi amor, el amor que yo podía repartir? No es culpa mía si los dioses me hicieron amante honesto, pero inconstante. Me llenaron de tantas pasiones que una sola mujer no podría saciar.

FEDRA: ¡Asesinasteis a una mujer con tal de no casaros con ella!

TESEO: ¡Por honestidad, por pura honestidad!

FEDRA: ¿Y qué hará que esa honestidad no me imponga a mí el mismo sino que el de mi hermana?

TESEO: Comprendí con los años qué es en verdad para el rey de Atenas el matrimonio, política pública, y el amor, asunto privado de su propio lecho. ¡Ay de mí si lo hubiera comprendido de joven!

FEDRA: ¡Ay de mí si hubiera sabido que en vez de casarme con un hombre honrado iba a casarme con este criminal deshonesto e infiel!

TESEO: No os engañéis, Fedra, todos los hombres somos un mero reflejo de nuestro propio padre Zeus, rey de todos los dioses.

FEDRA: ¡No me creo vuestras justificaciones, vuestras mentiras y vuestras medias verdades, los falsos consuelos que os habéis repetido hasta confundir con la realidad! ¡Soy una mujer honesta y sé que sobre la faz de la tierra todavía existen hombres honrados!

TESEO: Y soy yo quien se engaña.

FEDRA: ¡Miserable! No solo mentís sobre mi hermana, sino que la propia Hipólita me ha relatado cómo raptasteis a su propio vástago.

TESEO: ¿Es que no soy yo acaso el padre de esa criatura?

FEDRA: Perdisteis el derecho sobre esa criatura cuando traicionasteis de esa manera a la pobre amazona, rompiendo un juramento y un corazón, destruyendo además a todo su pueblo. No lo puedo concebir...

TESEO: ¿No podéis concebir que un padre reclame a su propio hijo?

FEDRA: ¿Para qué queréis el hijo de otra mujer que no sea vuestra propia esposa? ¿No soy acaso yo apta? ¡Os aseguro, Teseo, que soy tan mujer como cualquier amazona! ¡Que mi vientre es fértil y hubiera podido dar al rey de Atenas hijos que hubieran sido reyes, que nos habrían dado nietos que hubieran reinado a su vez sobre estas tierras!

TESEO: No es esta cuestión de mujeres, Fedra. Desprecio a Hipólita, cualquier otra podría ocupar su lugar, ¡mas no puedo renunciar al fruto de mi propia semilla!

FEDRA: No criaré yo al hijo de esa mujer. Tiene sus ojos, siempre supe que no eran los vuestros, mas hoy he descubierto de quién los ha heredado. Cada vez que mire a ese niño, la estaré viendo a ella y al verla a ella, estaré viendo a todas las mujeres a las que habéis traicionado.

TESEO: A menudo los deseos de unos son incompatibles con los de los otros. Para que unos sean verdaderamente felices, otros deben soportar ciertas pesadumbres.

FEDRA: ¿Y por qué debo ser yo, vuestra esposa, la que soporte tales cargas? ¿Por qué es vuestra felicidad la que debe imponerse a la de todos a cualquier precio?

TESEO: ¡Porque soy el rey de Atenas, soy el héroe que mató al Minotauro, la criatura cuya existencia torturaba a esta ciudad! ¡Tengo derecho a ser honrado por mi hazaña!

FEDRA: No justifica ello esta acción. ¡Es de arrebatarle un hijo a una madre de lo que habláis, aquello que le pertenece de acuerdo con las leyes naturales de los dioses! Legítimo derecho ampara a Hipólita en su reclamación, mayor que el vuestro de ser honrado.

TESEO: Habláis como vuestra hermana. *(Pausa)*. Son precisamente las palabras de vuestra hermana las que provocaron que os estuviera buscando.

FEDRA: ¿Os dijo algo mi hermana sobre mí?

TESEO: No exactamente. Vuestra hermana afirmó que yo no podría impedir la venganza de Hipólita, pues es la voluntad de los dioses que yo sea derrotado si me enfrento a la amazona. Mas no dijo que no pudierais ser vos quien acabara con su vida.

FEDRA: Pero ¿qué decís, Teseo?

TESEO: *(Extrayendo un puñal de su cinto)*. Agarrad este puñal y hundidlo en el corazón de la amazona.

FEDRA: ¡Yo no soy una asesina, Teseo!

TESEO: ¡No, mas sois la futura reina de Atenas! ¿O acaso no queríais compartir las cargas de la corona conmigo? No podéis permitir que una extranjera llegue a nuestra ciudad y le arrebate la vida a vuestro marido y rey. ¡Agarrad este puñal y cumplid con vuestros deberes con la corona!

FEDRA: Quería compartir las cargas del deber con quien yo pensaba que iba a ser mi marido. Creía que me iba a casar con un hombre, ¡no con una bestia!

TESEO: Pensad lo que queráis de mí, condenadme, maldecidme ante todos los dioses, mas no os olvidéis de clavar este puñal en el corazón de la amazona.

FEDRA: ¿Por qué debería hacerlo?

TESEO: ¡Por Atenas! No estáis salvando solo la vida de vuestro marido, se la estáis salvando también al rey de esta ciudad. Hipólita, movida por un retorcido sentimiento, está dispuesta a cometer un acto sin medir las consecuencias que ello tendrá para el pueblo de Atenas, para el pueblo de Creta. ¿No recordáis que este matrimonio pondrá fin al conflicto entre nuestros dos pueblos? ¿Acaso no lo veis necesario? Como princesa de Creta y futura reina de Atenas, tenéis un deber con sus gentes, debéis salvar la vida del hombre más importante…

FEDRA: ¡Del hombre más deshonesto!

TESEO: En su lecho, quizás, pero no en su gobierno.

FEDRA: ¡Os escudáis tras vuestro pueblo para eludir las consecuencias de vuestros actos!

TESEO: Mis acciones como justo gobernante son fruto de mis propias decisiones, no de las de los dioses.

FEDRA: ¿Con qué legitimidad os veis capacitado para decidir cuáles de vuestros actos son verdaderamente libres y cuáles no? Afirmáis que vuestras atrocidades son consecuencia de los errores de los dioses, ¡también lo serán vuestros aciertos! O al contrario si lo preferís, si creéis que pese a todo sois libre para ser buen rey, también lo seréis para ser pésimo hombre.

Pausa.

TESEO: Mis soldados ya están informados de mi estratage-
ma. Ahora, mi querida Fedra, podéis decidir entre salvar mi vida, y vuestra propia alma, o tener la razón y
condenaros ante el pueblo de Atenas.

> *Teseo se acerca a ella y le tiende el puñal. Pausa. Con
> un rápido movimiento, Fedra lo agarra y lo contempla
> con atención mientras se lo guarda.*

ESCENA V - Hipólita, Fedra y Teseo

Entra Hipólita con paso rápido a escena. Toma su arco nada más ver a Teseo.

HIPÓLITA: ¡Vos, criminal y traidor! ¿Dónde tenéis secuestrado a mi hijo?

FEDRA: ¿No lo habéis encontrado donde os dije? ¿Qué habéis hecho, Teseo?

TESEO: ¿Acaso alguna de las dos pensaba que iba a ser tan insensato como para permitir que el niño permaneciera en la ciudad cuando sabía que su vengativa madre acudía en su búsqueda? ¡No seáis inocentes! El niño está bien lejos de Atenas, a salvo de las garras de las amazonas.

FEDRA: Tampoco me revelasteis esa información…

TESEO: Y bien que hice. Ya se ha visto cuán fiable sois.

HIPÓLITA: *(Extrayendo una flecha concreta de su carcaj).* ¿Reconocéis esta flecha, rey de Atenas? Es la misma flecha con la que os derrumbé aquel día que llegasteis por primera vez a nuestras tierras. Esta misma flecha ha sido bendecida por los mismísimos dioses, que han sido capaces de reconocer la justicia de mi causa. Una vez la dispare, viajará directa a vuestro corazón, si es que un criminal como vos posee algo parecido. Contestadme o dispararé: ¿dónde está mi hijo?

TESEO: No os informaré del paradero de mi hijo. Jamás.

HIPÓLITA: Lo encontraré en tal caso por mí misma, mas vos habéis sellado vuestro destino. *(Coloca la flecha en el arco y apunta con ella a Teseo).*

FEDRA: *(Interponiéndose entre Teseo e Hipólita).* Hipólita, no podéis hacer eso…

HIPÓLITA: Vos debéis dejar de creer en sus palabras.

FEDRA: Sus mentiras se han derrumbado, Hipólita, no creo más en ellas.

HIPÓLITA: Entonces, ¿por qué lo defendéis?

FEDRA: No creáis que lo hago con gusto, Hipólita. No tengo otro remedio, los deberes del trono me imponen esta penosa situación.

HIPÓLITA: Os comprendo, mas mis deberes como reina de las amazonas y, sobre todo, como madre no me dejan otra opción.

TESEO: ¿Mas qué pensáis hacer, Hipólita? ¿Pensáis asesinar entonces a una pobre e inocente mujer para llegar hasta mí? ¿Acaso no me condenáis por todos mis actos? ¿No os haría eso igual que yo? Será que el peso de las circunstancias es mayor del que preveíais.

HIPÓLITA: Vuestra desvergüenza me repugna…

TESEO: Reconoced la derrota, Hipólita. El niño no está en esta ciudad y os aseguro que no saldréis de aquí con vida.

Pausa. Hipólita suelta su arco y toma la flecha.

HIPÓLITA: Esta flecha atravesará vuestro pecho, Teseo. Esta flecha representa la justicia, la justicia que me merezco y que se merecen todas las mujeres a las que habéis traicionado. No son los designios de los dioses los que nos han llevado hasta aquí, sino las mentiras, las tretas y las manipulaciones de un mal hombre.

Hipólita embiste hacia Teseo anteponiendo su brazo para intentar apartar a Fedra. Teseo toma de los hombros a Fedra y la empuja contra Hipólita. Fedra, instintivamente, toma su puñal y se lo clava asustada en el corazón a la amazona.

FEDRA: ¡No, por todos los dioses, no!

Hipólita deja caer la flecha de su mano. A continuación, Hipólita se desploma contra el suelo. Fedra tira el puñal. Teseo toma la flecha y la rompe.

FEDRA: Por todos los dioses, ¿qué es lo que has hecho?
TESEO: Lo que debíais hacer. Ahora, por fin, podéis uniros a mí como nueva reina de Atenas. *(Le tiende la mano).*

Pausa. Fedra se lanza corriendo hacia el puñal, pero Teseo prevé su movimiento y la detiene en el último momento.

FEDRA: ¡Apartaos de mí, quiero morir! ¡He matado a mi hermana, merezco morir!
TESEO: Pero ¿qué estáis diciendo, insensata?

Forcejean. Teseo le arrebata el puñal, pero Fedra se libera de su agarre. Se lanza directa hacia el cadáver de Hipólita.

FEDRA: ¡He matado a mi hermana! ¡Soy una asesina, ahora soy como vos! ¡Merezco morir!
TESEO: Habéis enloquecido. Avisaré a los guardias para que os encierren en un lugar apropiado hasta que recuperéis la cordura. La boda tendrá que esperar.

Teseo abandona la sala con paso firme para avisar a los guardias. Fedra se contempla las manos horrorizada. A continuación, se sienta en el trono.

VOZ DE HIPÓLITA: ¿Dónde está mi hijo?

FEDRA: No lo sé, no lo sé…

VOZ DE HIPÓLITA: Solo deseo recuperar a mi hijo. Tenéis la obligación de ayudarme.

FEDRA: ¡Callad, callad de una vez, no puedo hacer nada!

VOZ DE HIPÓLITA: ¿Por qué creéis que os va a tratar diferente al resto?

FEDRA: *(Levantándose del trono y abrazando el cuerpo de Hipólita).* ¡Teseo, volved, no puedo esconder más mi crimen! ¡Que yo he matado a mi hermana, que lo sepa todo el pueblo de Atenas y Creta, que ya no me importa! ¡Que esta mujer es Ariadna, mi hermana, a la que abandonasteis en una roca para que se ahogara en el medio del mar! ¡Que esta mujer es Hipólita, la amazona a la que traicionasteis y a la que arrebatasteis el fruto de su propio vientre! ¡Que esta mujer es cualquiera de las que manipulasteis, de las que engañasteis con vuestras bellas palabras hasta destrozarles las vidas! ¡Que esta mujer soy yo, Fedra, reina de Atenas y esposa de Teseo, que asesinó a la que era igual que ella para salvar a su esposo condenando así con ese crimen su propia alma!

TELÓN

Modalidad de Teatro Mínimo

Modalidad de Teatro Mínimo:
Premio (ex aequo)

La niña del vestido blanco

de

Antonio Miguel Morales

La niña del vestido blanco

PERSONAJES

HOMBRE
NIÑA
MUJER

Un hombre joven toma el centro de la escena, y habla a público. Hay una bruma que promete fantasmas en el patio de butacas.

HOMBRE: Todo aquello era difícil de creer. La muchacha apareció en el centro de las Avenidas, y se dirigió hacia la puerta abarrotada de los grandes almacenes donde una turba desasosegada de transeúntes mostraba su urgencia por encontrar las gangas prometidas en las rebajas de enero.

Juro que yo la vi.

También sé que es difícil de creer. Pero no puedo huir de lo que he visto, por más que me empeñe en escapar de la realidad.

Una niña, con un vestido blanco y raído, se asoma entre la bruma y los sueños.
El hombre repara en ella y continúa hablando.

Su mirada azul mostraba un espanto que yo jamás había presenciado en otros ojos. La sentí tan vulnerable en el centro del gentío que me atreví a preguntarle:

HOMBRE: *(Acercándose a ella).* ¿Puedo ayudarte en algo?

El hombre la observa ahora de hito en hito, y habla de nuevo a público, a sabiendas de que las respuestas no existen.
Vuelve, mientras habla, a proscenio, donde la bruma sigue acechando como la sombra de un reloj funesto.
La niña queda atrás, entre el bullicio de los grandes almacenes donde todo está en venta.

HOMBRE: Su indumentaria me llamó poderosamente la atención. El vestido, que le quedaba algo grande, parecía más adecuado para dormir que para pasear. Era de un color blanco venido a menos, porque sin duda los años habían depositado en él su pátina devastadora. Sus sandalias raídas me hicieron comprender su orfandad. Y sus primeras palabras bastaron para que confirmase mis sospechas.

NIÑA: *(Acercándose poco a poco).* Busco a mis padres. ¿Dónde están mis padres?

HOMBRE: ¿Te has perdido?

NIÑA: No sé dónde estoy. Supongo que eso es estar perdida.

HOMBRE: No te preocupes. Yo te ayudaré. ¿Hace mucho que no los ves? Seguro que te están buscando por alguna de estas cinco plantas…

> *El hombre busca. La niña camina detrás.*
> *El hombre se adelanta y camina entre el público mientras la niña mira desde arriba, como si fuese un alma puesta en pie.*

HOMBRE: *(En un grito, agarrando a las personas del público, confundidas entre la algarabía de los Grandes Almacenes).* A nuestro alrededor nadie parecía reparar en nosotros. Mi mujer se había adelantado y seguro que ya habría encontrado el vestido que queríamos regalar a nuestra hija, quien lo vio en un anuncio de televisión y lo deseaba a toda costa para su fiesta de cumpleaños.

> *La niña acecha con ojos de búho, y el hombre sube y ocupa el centro junto a ella.*

HOMBRE: ¿Cómo te llamas? Vamos a avisar a seguridad.

NIÑA: Me llamo Manuela. Manuela Semprún.

HOMBRE: ¿Y tus padres/

NIÑA: Manuel y María.

HOMBRE: No. Te pregunto que cómo los perdiste.

NIÑA: Eso quisiese yo saber. Todo sucedió de pronto. No sé cómo pueden ocurrir cosas así. Estábamos tan tranquilos de vacaciones en Lequeitio…

HOMBRE: Pero nosotros estamos en Bilbao… Esto es Bilbao. ¿Qué tiene que ver Lequeitio ahora?

NIÑA: Allí comenzó todo. Los aviones sobrevolaban a todas horas nuestras cabezas. Mi padre dijo que teníamos que huir y vinimos a Bilbao. Fue horrible despedirme de ellos. Me prometieron que volveríamos a vernos pronto. Que había comenzado una guerra y que cuando acabara acudirían a buscarme. Pero yo ya no puedo esperarlos más…

A mí me mandaron a Pravda. Tuve suerte. Me daban de comer muy bien, y además me proporcionaban ropa agradable…

No puedo soportar el aceite de hígado de bacalao, y me obligaban a tomarlo todos los días. Sé que lo hacían por mi bien, pero mi madre nunca me ha obligado a comer de nada. Necesito estar con ella. Hace algunos años que no la veo.

HOMBRE: ¿Cómo va a hacer años/

NIÑA: No sé si sabrá dónde estoy. Por eso la busco. Ella seguro que no sabe que los nazis invadieron la URSS y a mí me llevaron a Odesa. El viaje fue largo. De Odesa a Jergón la travesía por mar se convirtió en un infierno. Las personas que no resistían eran arrojadas al mar. Pero yo fui fuerte, porque quería volver a verlos.

HOMBRE: Estás inventando/

NIÑA: Cuando arribamos, el director de la expedición, Miguerdichev, nos llevó en un barco de ruedas a Zaporozhie. Y de allí, apiñados en un vagón de carga, llegamos hasta el Cáucaso del Norte. Cuánta fatiga pasamos. Viajaban con nosotros muchos soldados heridos de muerte. Todavía tengo mi ropa manchada de su sangre. *(La niña muestra a público un lamparón oscuro en el vestido, mientras se sienta en proscenio. Ahora todo sucede tras ella).*

HOMBRE: *(Desde atrás).* La imaginación de aquella chica era desbordante. O al menos eso me parecía a mí. Seguramente se había echado el chocolate encima y ahora andaba inventando.

NIÑA: *(Yéndose).* Al cabo de un mes llegamos a Saratov, en las orillas del Volga. El frío nos congelaba la sangre, y aun así teníamos que calentar la nieve con las manos si queríamos conseguir agua para beber. Muchos niños murieron, porque la nieve estaba contaminada con el hollín de las locomotoras. Con el deshielo encontrarán sus cuerpos. Pero yo he conseguido volver.

HOMBRE: *(En el centro de la bruma nuevamente).* Cuando dijo aquello, un frío extraño recorrió mis órganos. Nunca había sentido algo semejante. Fue entonces cuando encontramos el mostrador de información.

–Por favor. Esta niña se ha perdido. Se llama Manuela. Manuela Semprún. ¿Pueden avisar a sus padres por megafonía?

–¿A qué niña se refiere? –repuso la dependienta con sorpresa–.

Miré a mi alrededor. Aquello no podía estar sucediendo. Manuela parecía haberse volatilizado, pero yo juro que la vi. Justo en aquel momento alguien me tiró de la manga. Era mi mujer.

MUJER: Hemos encontrado lo que buscábamos.

HOMBRE: Mi estupor me delató. Aquel vestido me era de sobras conocido.

MUJER: Te has quedado sin palabras, cariño.

HOMBRE: *(Mientras habla, su mujer extiende el vestido a público, como una ofrenda).*

—Por favor —oí que decía—. ¿Me lo puede cambiar por otro? Acabo de darme cuenta de que tiene una mancha oscura al lado del dobladillo. Mírela.

—Qué extraño —repuso la dependienta—. Es bien grande. No sé cómo no la hemos visto antes.

Mientras la empleada se dirigía a buscar otra prenda, sentí un estremecimiento que me hizo comprender que existen las viajeras del tiempo, y que algunas veces pueden aparecer en los lugares menos esperados para reclamar, desvalidas y desorientadas, la ayuda que necesitan.

Cuando esto sucede, sientes un frío estepario que te cala hasta la médula. Y si quieres verlas, tan solo tienes que abrir bien los ojos.

Están sentadas junto a ti.

Ten memoria.

El hombre y la mujer se sientan parsimoniosamente entre el público mientras se hace el oscuro.

Un vestido blanco ilumina, desde la bruma, el centro de la escena.

Modalidad de Teatro Mínimo:
Premio (ex aequo)

Ríes bajo la lluvia

de

Carlos Be

A Joan Bentallé

Ríes bajo la lluvia

DRAMATIS PERSONAE [1]

ÉL
ELLA

1 Nota del Autor: Los personajes no tienen nombre propio y pueden respon-
der a cualquier combinación de pronombres de género. En el caso de ser
distintos a «él» y/o «ella», simplemente hay que adaptar la concordancia
gramatical.

ÉL.- No puedo más y vengo aquí, a este banco, a escuchar su risa bajo la lluvia. Vivo ahí enfrente. Cojo la gorra y salgo a la calle. Bajo la lluvia. Alguien pasa corriendo. Me salpica los bajos del pantalón. Una paloma se acerca. Me observa. Es un pichón. No sabe qué hago aquí exactamente. Alza el vuelo. Otra paloma. Un mirlo. Cuando se va el mirlo, ya estoy empapado.

Ella tenía la imperiosa costumbre de salir a la calle en cuanto empezaba a llover. De mojarse. Este poema está dedicado a ella —sí, esto no es teatro, es un poema—. Quise titularlo *Lloro bajo la lluvia* pero al final me decidí por *Ríes bajo la lluvia*. Así es como la recuerdo y la siento. Cómo son las emociones, escapando a las palabras. Cómo describirlas… Emociones que nos traen amor del pasado.

Todo esto lo escribí en este banco, bajo este árbol que protege parcialmente de la lluvia —mejor dicho, lo dicté; de otra manera se habría arrugado el cuaderno, el lapicero, las yemas de los dedos, con el aguacero—.

Nos conocimos a los veintipico y nos acompañamos hasta los sesenta y pocos. Yo, aunque no los aparente —culpa de este actor que me representa—, escribo esto con sesenta y cinco años. ¿A que se me ve bien? Como dice un amigo mío: «Siempre puede ser peor». Mi amigo me quiere mucho, me llama Basura, tiene muy mala baba, pero me quiere mucho: «Te quiero tanto, Basurita, ¡me inspiras a reciclar».

Así que los actores que representen este poema, si es que la poesía puede representarse con actores, pueden escoger la edad que les plazca entre los veinte y los sesenta. Cuarenta años juntos. Tanto tiempo, sin embargo, tan atemporal. Cuarenta años de amor.

En cuanto llovía, ella salía a la calle y yo la seguía. Tampoco hablamos de una tormenta huracanada, no estamos locos, hablo de una lluvia mediterránea, suave, que acaricia, cálida, una lluvia de esas de «con prisa pero sin gritos», «sin gritos pero con prisa». Los vecinos sí creían que estábamos de atar. Su risa sonaba tan vívida bajo la lluvia. Los vecinos, hartos de ella: «¡Ya está la loca escaleras abajo!». «¡Qué loca!». «¿Y él?». «¡Qué les da con la lluvia!». «Lo mismo que a ti con las magdalenas», le gritaba yo. «¡Lo mío es distinto, a mí no me compares con esa loca!».

No estaba loca.

ELLA.- Eso es lo que les habría gustado.

ÉL.- ¿Verdad? Tú simplemente estabas por encima del bien y el mal.

ELLA.- ¿Qué dices?

ÉL.- A mí me lo parecía.

ELLA.- No estaba por encima de nada.

ÉL.- ¿No?

ELLA.- No.

ÉL.- No me digas que, aunque te hayas ido, puedo seguir conociéndote.

ELLA.- Para qué recuerdas entonces. Si estuviera por encima del bien y el mal, no me resfriaría… y nos resfriábamos. Nadie nos veía —los vecinos, sí, y qué—, estabas tan ridículo. Te habría querido toda la vida.

ÉL.- Me quisiste toda la vida.

ELLA.- Unas veces más, otras menos.

ÉL.- Yo te quise toda la vida.

ELLA.- Eso es verdad.

ÉL.- Nos conocimos en la universidad. Ella era mi alumna. Yo, su profesor. Sé que es un tema delicado, espinoso,

lo sé. No me porté bien –lo intenté, pero no lo conse-
guí–, es que sabíamos que aquello no tenía nada que ver
con nuestras carreras, con los estudios. Siempre que lo
contábamos éramos presa de risas, bromas fáciles. Tiene su gravedad, pero también sé que, si me preguntan
si volvería a cometer ese error, diría «sí» a pies juntillas.

ELLA.- ¿No puedes hablar de otro momento de nuestra vida?

ÉL.- Me gusta recordarte.

ELLA.- Cada vez llueve menos. Bueno, como decías en tus
clases…

ÉL.- ¿Qué decía?

ELLA.- «Todo es cuestión de imaginación».

ÉL.- ¿Todo?

ELLA.- Absolutamente todo. Siempre empezabas las clases
con aquello de «Soy libre, soy yo libre».

ÉL.- Me lo enseñó mi profe de literatura. No recuerdo la
primera vez que saliste bajo la lluvia.

ELLA.- Qué locura. Y tú detrás. Con tu gorra de Nueva York.

ÉL.- ¿Está muy vieja?

ELLA.- Un poquito. Como tú.

ÉL.- Salíamos a la calle sin paraguas ni chubasquero ni nada.
Enfrente de casa tenemos este banco de hierro colado
–bueno, tendréis que imaginároslo–…

ELLA. «Todo es cuestión de imaginación». Qué risa me entraba al verte tan empapado. Mojándonos y tú sonriendo así. Con tu sonrisa. ¡Esa, sí!

ÉL.- Qué vergüenza.

ELLA.- Me gusta tanto esa sonrisa. A ver. Sí. Me gusta mucho. La amo.

ÉL.- La mayor de las tragedias es una comedia.

ELLA.- La primera vez me resfrié tanto.

ÉL.- Una semana en cama.

ELLA.- Tiritando.

ÉL.- No sé cómo no se nos quitaron las ganas.

ELLA.- Por volverte a ver sonreír bajo la lluvia, ¡cualquier cosa!

ÉL.- En cuarenta años, pocas veces no lo hicimos: cuando teníamos mucho trabajo, cuando estuviste más enferma.

ELLA.- Me acercabas a la ventana. Era diferente pero al menos la veíamos. Casi estábamos debajo.

ÉL.- Tú ya no reías.

ELLA.- ¡Míralo! ¡Y tú empezaste a lloriquear!

ÉL.- A veces también me contabas cosas.

ELLA.- ¡Qué dices!

ÉL.- Sí.

ELLA.- Si estaba callada… riéndome, pero callada. ¿Qué te contaba?

ÉL.- Muchas cosas. Y de repente cesaba la lluvia y ascendía ese olor a tierra, profundo, brillante, como un barniz que lo cubre todo con una transparencia diáfana.

Ahora cuando llueve, ya no estás, no estás bajo la lluvia, no estás en la ventana.

Pero te sigo amando. El amor desde el pasado, ¿es un amor real?

En el funeral se me doblaban las rodillas. Mi amigo me consolaba a su manera: «Vivir es sentir dolor, Basurita, y vivir con miedo al dolor es no saber vivir».

Sabes que te habría seguido, pero también sé que te habrías enfadado conmigo.

A veces no puedo más, mi amigo ya no está al otro lado del teléfono, me pongo la gorra y vengo aquí. Disimulo, leo o miro el móvil. Los desconocidos me miran, a veces saludan, no sé por qué, sonríen y me saludan, palabras inaudibles, no sé si les sorprendo o qué, o quizás

eres tú que apareces en sus labios para saludarme rápidamente, decir hola y desaparecer. ¿Cómo se explican las emociones profundas? En el brillo de los ojos. En el brillo de las sonrisas. En el brillo de tu risa bajo la lluvia. Por eso vengo aquí.
Aunque ya no llueva.
A escuchar tu risa bajo la lluvia.

Él sonríe.
La sonrisa que ella ama.

Barcelona, 11/14 de junio de 2024.

Modalidad de Teatro Mínimo:
Primer Accésit

Piel de cordero

de

Carlos Herrera Carmona

Piel de cordero

PERSONAJES

MUJER
VOZ

Parque. Noche de verano. LA MUJER, unos 30, sentada en un banco, con aspecto desaliñado. LA VOZ será otra joven que recuerda a una institutriz y que muestra un parecido asombroso con la anterior. Unos segundos. LA VOZ entra y se sienta junto a la MUJER.

VOZ.- Piénsatelo bien.
MUJER.- ¿Quién me habla?
VOZ.- La que va siempre contigo.
MUJER.- Otra vez tú.
VOZ.- Sé que te lo estás pensando.
MUJER.- ¿El qué me estoy pensando?
VOZ.- Volver.
MUJER.- Volver…
VOZ.- ¿Cuántas veces te lamentaste por la última vez?
MUJER.- Me perseguía con un puñal.
VOZ.- No era un puñal exactamente.
MUJER.- La luna se reflejaba en su hoja.
VOZ.- ¿Estás segura?
MUJER.- Me haces dudar…
VOZ.- Me terminarás haciendo caso. Doy fe.
MUJER.- *(Reacciona)*. No.
VOZ.- ¿Ah, no?
MUJER.- No. Porque sé que luego me faltará el aire y correré al borde del acantilado.
VOZ.- Estás acostumbrada a hacerlo. Desde niña, para ser más exactos. Media vida al borde del acantilado. Y la otra media, también. ¿Hay necesidad?
MUJER.- Ya no me queda un poro de piel por sangrar.
VOZ.- ¿No crees que es hora de tranquilizarse un poco? Todo esto se te ha ido un poco de las manos.
MUJER.- Te oigo dentro de mí, pero no quiero pensar como tú.

VOZ.- Hoy estás especialmente sensible.

MUJER.- Al final terminaré asfixiada, lo sé. Me pasa cada vez que te oigo.

VOZ.- Mírate. Solo llevas una hora en este banco y ya estás desesperada.

MUJER.- Las pastillas me sientan mal.

VOZ.- ¿Ves? Esto sí que es una novedad. Nunca te había dado por eso. ¿Y tu familia? Vuelves a ser un poco egoísta.

MUJER.- Me ahoga con sus brazos.

VOZ.- ¿No te besa?

MUJER.- Me ahoga con sus labios.

VOZ.- ¿Me estás diciendo que tu familia no te quiere? No te creo.

MUJER.- A su manera, creo que sí.

VOZ.- Ya nos vamos entendiendo.

MUJER.- Pero yo no quiero entenderte.

VOZ.- Pues no te queda otra.

MUJER.- Esta vez /

VOZ.- *(Interrumpiéndola)*. Apuesto lo que quieras a que mañana /

MUJER.- *(Igual)*. No me queda piel para una llaga más.

VOZ.- El anterior no te guardó rencor. ¿Cierto?

MUJER.- Aquel se cansó. Pero este es incombustible. Aunque sea lo último que haga, me dijo. Se echó sobre mí sin miramiento y me pisó el estómago.

VOZ.- Siempre te ha gustado la desmedida, los incendios. No lo niegues. Desde niña. ¿Tengo o no tengo razón?

MUJER.- *(Tras una pausa brevísima)*. Tienes razón.

VOZ.- Vuelve a tu casa y dúchate, que te van a confundir con una vagabunda. Sé que lo tuyo es mendigar, pero… tú ya me entiendes.

MUJER.- Me gustaría esperar un poco más.

VOZ.- Tú lo que quieres es que aparezca.

MUJER.- Yo lo que quiero es salvar mi alma.

VOZ.- Buscas su misericordia.

MUJER.- ¿Qué es eso?

VOZ.- Imagínate que aparece. ¿Cuánto vas a tardar en sonreírle?

MUJER.- Lo haría para evitar que me pise el estómago.

VOZ.- No te adelantes. ¿Por qué va a hacerlo ahora? ¿Ves? Callas. Vamos por buen camino.

MUJER.- El acantilado es cada vez más alto. A sus pies veo muchos cuerpos con mi cara.

VOZ.- Tú siempre has sido de lanzarte sin más ni más. Disfrutas amarrada a la pata de su cama y sin rechistar. Es tu sino.

MUJER.- Esta vez no puede ser.

VOZ.- No estés tan segura. Siempre avisando que viene el lobo, y luego, ya ves, ni un zarpazo.

MUJER.- ¡Tengo el cuerpo lleno de zarpazos! ¿Estás ciega o qué?

VOZ.- ¿Tú me vas a hablar de cegueras?

MUJER.- Esta vez no puedo seguirte.

VOZ.- Retumban los nombres de tu familia en la cabeza. Piensa en cómo se sentirán cuando llegues a casa y estés con esa cara. Pareces un cadáver andante…

MUJER.- Yo no quería.

VOZ.- En el fondo, sí. Ya hemos pasado por esa etapa y llegamos a la conclusión de que tampoco se estaba tan mal en casa.

MUJER.- Cuando entro por la puerta, el fango me llega hasta la boca.

VOZ.- Tus hijos no merecen lo que les estás haciendo.

MUJER.- Hablas como papá y mamá.

VOZ.- Claro. Porque papá y mamá solo querían lo mejor para tu futuro y mira lo que has hecho con sus sueños. Cuando nadie se dignaba a mirarte, ¿quién lo hizo? Él. Pudiste haberte negado, pero se lo diste todo. Y cuando digo todo, es todo. ¿Ves como no nos podemos engañar la una a la otra? Esta etapa también la hemos pasado.

LA MUJER, *de repente, entra en pánico.*

MUJER.- ¡Ahí está!
VOZ.- Sí. Pensabas que no, pero sí, sí lo es. ¡Es él! ¡Alégrate!

LA MUJER *niega.*

VOZ.- Está en el semáforo. ¡En cuanto cruce la calle, lo tendrás frente a ti!
MUJER.- ¡Vámonos!
VOZ.- No puedo. Tus pies no se mueven.
MUJER.- ¡Los estoy intentando mover!
VOZ.- Pero no te obedecen.
MUJER.- ¡Quiero salir corriendo!
VOZ.- Tus pies, que son los míos, no se mueven. Tus ojos, que son los míos, no pueden apartarse de su cara. Tu voz, que es la mía, no puede dejar de llamarle.
MUJER.- ¡Ayúdame!
VOZ.- Ya es tarde. Le estoy llamando. Le estamos llamando, tú y yo, y él nos está mirando. ¡Asómate a sus ojos, contempla la galaxia más fascinante!
MUJER y VOZ *(A la vez).-*
            Maldita tu piel,
            tu piel de cordero.
        Tan manso por fuera.

Tirano por dentro.
Colmillos que cantan
requiebros y versos
que van engañando
mi cuerpo indefenso.
Clávame la estaca.
La hora del duelo.
La gente camina
y yo voy muriendo.
El lobo se aleja
con piel de cordero.

LA VOZ *sale*. LA MUJER *abre los brazos en cruz.
Música: "De los malos", de El Bicho.*

Punto de fuga

de

Agustín Luque Cambiasso

Punto de fuga

PERSONAJES

SANTIAGO
MARIANELLA

Azotea.

SANTIAGO. ¿Por qué? Una pregunta tan simple –tan simple, amor, perdóname– y es la base de todo a la vez. ¿Por qué hacemos lo que hacemos? ¿Por qué intentamos? ¿Por qué seguimos? La otra noche había subido a fumarme un pucho y repasaba todos los episodios de mi vida que pasaron en una azotea. Uno a uno. ¿Alguna vez te conté de la vez que mi madre no me quería dejar ir a una fiesta y yo fingí que iba, que no me importaban sus límites, fingí rebeldía, pero en lugar de ir, salí de mi casa y subí a la azotea del edificio? ¿Te conté cómo intenté dormir envuelto a la intemperie en una frazada? Era pleno invierno, no lo podía aguantar, al frío, no podía, fue horrible. Y hay gente que duerme todo el invierno en la calle, hay gente que muere de hipotermia, y yo para probarle un punto a mi madre. Un punto que se anula a sí mismo, porque en realidad, aunque yo no quisiera, aunque me rebelara, ella tenía control sobre mí. Quizá no me suponía un impedimento físico, pero en mi conciencia estaba su voz, y mi cuerpo era un títere bien educado. Aunque ella misma como titiritera pensara que me había descarrilado, no. Seguí con mi vida tal cual se suponía que tenía que seguir con mi vida. Estudié una carrera simple. Me hice profesor. Enseño. Me pagan por ideologizar, les meto en la cabeza la doctrina del Estado, del Capitalismo, y de Occidente, a adolescentes que aprenden a relacionarse subiendo fotos de sus caras desproporcionadas a internet, que aprenden a vincularse *reaccionando* a imágenes de sus culos y de sus granos que se reproducen hasta el infinito. Están aprendiendo posiciones sexuales

mirando compulsivamente pornografía, amor, mirando gente que tiene altas posibilidades de estar siendo
violada ante cámaras.

MARIANELLA. Santiago.

SANTIAGO. Son máquinas miméticas, ya no puede conce-
birse nada parecido a la originalidad, y enseguida ya no
va a ser necesario mi trabajo ni el de nadie. En algún momento se necesitó la enseñanza porque si no, la pobla-
ción era analfabeta, como se necesitó el teatro griego, la
Iglesia. Ahora con internet ya no se necesita nada.

MARIANELLA. ¡Santiago!

SANTIAGO. Ya sé que me llamo Santiago. Si vas a interrum-
pirme, interrumpime. ¡Es eso! Amor, ¿y si abrimos una
pyme? Una pequeña pyme.

MARIANELLA. Si alguien te escuchara y no viera que estás
colgando la ropa, pero supiera que estás en una azotea,
probablemente, pensaría que estás dando un monólogo
antes de tirarte. No estás esperando que yo te responda,
no estás esperando nada. En cualquier momento podrías
saltar.

SANTIAGO. Podría tirarme. ¿Qué sabés? A lo mejor quiero
dejar todo pronto. Hombre salta del edifico luego de
tender la ropa, un verdadero caso de responsabilidad.
Contrario a ese sociólogo que saltó abrazado a sus libros y calló arriba de un taxi en Manhattan. Ahora es-
tudian sus ensayos en las universidades.

MARIANELLA. A nosotros no nos conviene que te tires justo ahora. Dejalo para un poco más adelante. Para cuando tengas un libro publicado, y un libro que sea bueno,
como *La campana de cristal*.

SANTIAGO. Tenés razón. Si quisiera dejar todo pronto, ten-
dría que esperar a descolgar la ropa. Dicen que mañana

llueve. Además, seguro que si espero hasta mañana, en el medio surgen otras cosas que tenga que dejar en orden. Van a ensuciarse los platos, va a ensuciarse más ropa. ¡No!, el miércoles es el parcial del Quinto, voy a tener que corregirlo. ¿Vez? Uno nunca puede salirse. Van a ir pasando los meses y...

MARIANELLA. Santi, ¡estoy trabajando! Sé que estás colgando la ropa, que me ves acá, y que te parece lógico sacar conversación, o, bueno, explayarte. Pero yo estoy trabajando, y vos lo sabés. Si vos no tenés nada que hacer, colgás la ropa en silencio y bajás a sentarte frente a tu procesador de texto.

SANTIAGO. Perdoname, amor, te vi ahí y se me hizo orgánico. No pensé que pudiera distraerte. Te vi en silencio y de afuera parece que nomás estás mirando.

MARIANELLA. Estoy observando.

SANTIAGO. Ya sé. Tenés que mirar, sacar conclusiones, apuntar en la libreta.

MARIANELLA. No me ofende. Aunque lo digas en ese tono.

SANTIAGO. No quería ofenderte, amor. Solo digo que ese proyecto te tiene como apartada. Desde que estás con ese telescopio, no te interesa hablar de otra cosa que de lo que hace la gente que espiás.

MARIANELLA. No los estoy espiando. Estoy escribiendo un ensayo sobre la conducta que tienen las personas que viven en un edificio que tiene vista a La Rambla de Montevideo, y para eso tengo que investigar y tengo que observar. ¿Es raro? Sí, es raro, Santiago. Pero también para esto me está pagando la ANII. Vos deberías ponerte contento por mí y también por vos mismo. Si no me hubiesen dado esta oportunidad, vos hubieses tenido que agarrar más horas cuando nazca el bebé, y los dos sabemos que odiás tu trabajo, recién lo decías.

SANTIAGO. Mari.

MARIANELLA. ¿Santiago?

SANTIAGO. Creo que no quiero tener un hijo.

ACTAS DE LOS JURADOS

Lectura de las Actas de los Jurados. FOTO (Pepe Vaquero): De izquierda a derecha, José Moreno Arenas (Dramaturgo), Eugenia Rodríguez-Bailón Fernández (Concejal de Cultura) y Mario Soria (Miembro de Karma Teatro).

Lectura de las Actas de los Jurados. FOTO (Pepe Vaquero): De izquierda a derecha, José Manuel Motos (Director de Escena), José Moreno Arenas (Dramaturgo), Eugenia Rodríguez-Bailón Fernández (Concejal de Cultura), Mario Soria (Miembro de Karma Teatro) y María Dolores Rodríguez Huertas (Miembro de Karma Teatro)..

Modalidad Teatro Breve.

En Albolote, siendo las once horas del día 3 de diciembre de 2024, se reúnen en el Salón de Sesiones de la Casa Consistorial doña Eugenia Rodríguez-Bailón Fernández (Concejal de Cultura del Excmo. Ayuntamiento de Albolote) y don José Moreno Arenas (Autor de Teatro), respectivamente, Presidenta y Secretario del Jurado encargado de fallar el XVI Certamen de Teatro "Dramaturgo José Moreno Arenas" 2024 en la Modalidad de Teatro Breve, con la finalidad de proceder a la apertura de los correos enviados por los miembros del Jurado, computar los votos obtenidos por las obras finalistas y resolver el otorgamiento del premio y los dos accésits.

Componen el Jurado, además de la Presidenta y el Secretario mencionados, los siguientes Vocales: don Pedro Catalán García (Dramaturgo), don Miguel Galindo Abellán (Dramaturgo), don José Membrive Membrive (Director de Ediciones Carena), doña María Dolores Rodríguez Huertas (Jefa de Producción de Karma Teatro), don Rafael Ruiz Álvarez (Profesor de la Universidad de Granada, dramaturgo y director de teatro), don Julio Salvatierra Cuenca (Escritor, dramaturgo y productor de teatro), don Mario Soria Rodríguez (Coordinador del Seminario Internacional de Estudios Teatrales "SIETe" y actor) y don Mario de la Torre-Espinosa (Director del Área de Artes Escénicas de la Universidad de Granada y profesor de esta).

En virtud de la normativa por la que se rige el Certamen, todos los miembros del Jurado, excepto el Secretario (que actúa con voz pero sin voto), han emitido su voto por correo. En presencia de la Presidenta, el Secretario procede a la apertura de dichos correos; tras computar los votos obtenidos por cada una de las obras, se resuelve:

Otorgar el Premio del Certamen de Teatro "Dramaturgo José Moreno Arenas", en su decimosexta edición, correspondiente al año 2024, a la obra titulada *Petipé*. Abierta la plica número 148, resulta ser su autora doña Paula Echalecu.

Otorgar dos accésits. El primero de ellos, ex-aequo, a las obras tituladas *Aversión* (abierta la plica número 16, resulta ser su autor don José Luis Busto González, "José Busto"); y *Las versiones de Vibia* (abierta la plica número 125, resulta ser su autor don Juan García Larrondo). El segundo de ellos a la obra titulada *Hipólita y Fedra*; abierta la plica número 91, resulta ser su autor don Alejandro Nieto Cruz.

El Jurado destaca del texto de *Petipé* "el tema, que, aunque es conocido tanto literaria como socialmente, se argumenta de un modo muy interesante al ir desgranándose el argumento de manera que se crea un suspense en la forma de desvelar el acoso sexual, la intimidación a una persona con discapacidad y la injusticia posterior, que pone en tela de juicio los valores éticos acerca de la protección de las clases pudientes frente a las más desfavorecidas. En el monólogo –acertada exposición de la trama– existe una gradación en la intensidad y en el dramatismo del discurso verbal de la mujer. El lector/espectador conocerá por su intervención no solo la historia en sí, sino también los diversos personajes que la componen desde la óptica objetivo-narrativa de los hechos hasta la esfera de las emociones".

En virtud de la normativa por la que se rige el Certamen, por la Presidenta se recuerda al Secretario que ha de tomar las medidas oportunas a fin de que por el resto de los miembros del Jurado se preste conformidad al Acta.

Habiéndose cumplido los objetivos para los que fue convocada la sesión, por la Presidencia se da por concluida, siendo las once horas y veintisiete minutos.

Modalidad Teatro Mínimo.

En Albolote, siendo las once horas y treinta minutos del día 3 de diciembre de 2024, se reúnen en el Salón de Sesiones de la Casa Consistorial doña Eugenia Rodríguez-Bailón Fernández (Concejal de Cultura del Excmo. Ayuntamiento de Albolote) y don José Moreno Arenas (Autor de Teatro), respectivamente, Presidenta y Secretario del Jurado encargado de fallar el XVI Certamen de Teatro "Dramaturgo José Moreno Arenas" 2024 en la Modalidad de Teatro Mínimo, con la finalidad de proceder a la apertura de los correos enviados por los miembros del Jurado, computar los votos obtenidos por las obras finalistas y resolver el otorgamiento del premio y los dos accésits.

Componen el Jurado, además de la Presidenta y el Secretario mencionados, los siguientes Vocales: don Emilio Ballesteros Almazán (Escritor, poeta y dramaturgo), don Genís Campillo García (Dramaturgo y actor), don Juan Mairena Jiménez (Dramaturgo, ganador de la anterior edición del Certamen), don José Membrive Membrive (Director de Ediciones Carena), don José Manuel Motos Galera (Director de teatro) y doña María Dolores Rodríguez Huertas (Jefa de Producción de Karma Teatro).

En virtud de la normativa por la que se rige el Certamen, todos los miembros del Jurado, excepto el Secretario (que actúa con voz pero sin voto), han emitido su voto por correo.

En presencia de la Presidenta, el Secretario procede a la apertura de dichos correos; tras computar los votos obtenidos por cada una de las obras, se resuelve:

Otorgar el Premio del Certamen de Teatro "Dramaturgo José Moreno Arenas", en su decimosexta edición, correspondiente al año 2024, ex-aequo, a las obras tituladas *La niña del vestido blanco* (abierta la plica número 111, resulta ser su autor don Antonio Miguel Morales); y *Ríes bajo la lluvia* (abierta la plica número 159, resulta ser su autor don Juan Carlos Blanco García, "Carlos Be").

Otorgar dos accésits. El primero de ellos a la obra titulada *Piel de cordero*; abierta la plica número 150, resulta ser su autor don Carlos Herrera Carmona. El segundo de ellos a la obra titulada *Punto de fuga*; abierta la plica número 155, resulta ser su autor don Agustín Luque Cambiasso.

El Jurado califica el texto de *La niña del vestido blanco* como una "denuncia sin paliativos de las miserias de la guerra y sus víctimas más indefensas: los niños. La bruma fantasmal en unos grandes almacenes y los viajeros del tiempo son los medios de que se vale el autor para la creación de una atmósfera de apariencia irreal, pero con final tan inquietante como sorpresivo. Excelente construcción escénica con guiño metateatral"; y el de *Ríes bajo la lluvia* como un "monólogo de la soledad que desemboca en diálogo de un recuerdo. Es la gran tragedia de la vida, cuyo protagonista busca remedio a la pérdida del ser amado en las emociones más profundas, hallando la respuesta al final de la obra: 'En el brillo de tu risa bajo la lluvia'. Tierno homenaje al amor eterno con un parlamento certero y el ritmo pausado que exige la obra".

En virtud de la normativa por la que se rige el Certamen, por la Presidenta se recuerda al Secretario que ha de tomar las medidas oportunas a fin de que por el resto de los miembros del Jurado se preste conformidad al Acta.

Habiéndose cumplido los objetivos para los que fue convocada la sesión, por la Presidencia se da por concluida, siendo las once horas y cincuenta y seis minutos.

Páginas de Honor

Teatro Breve

La playa

de

José Moreno Arenas

La playa

PERSONAJE

BAÑISTA

…Y la valiosa colaboración de alguien que —se supone—
está descansando sobre la arena, de un niño con su balón
playero, de un miembro de la Cruz Roja y de otro de la
Media Luna Roja.

ACTO ÚNICO

Una playa del litoral andaluz, cercana al estrecho de Gibraltar. Oleaje rítmico y tranquilo.

> *(Una sombrilla playera protege de los rayos del sol a un BAÑISTA, que, echado apaciblemente sobre una tumbona, ojea una revista del corazón. Pasan unos segundos. Tras un gesto de insoportable aburrimiento, arroja la revista al suelo con desprecio y se incorpora haciendo gala de una lentitud tan exasperante que invita a la práctica de la vagancia. De cara al mar —el patio de butacas— realiza unos ejercicios físicos. Bruscamente aspira y espira varias veces el aire a pleno pulmón. Fatigado por el esfuerzo, mira a ambos lados. Decide dar unos pasos hacia la izquierda y le dirige la palabra a alguien que —se supone— descansa sobre la arena.)*

BAÑISTA.–Buenos días nos dé Dios…

> *(No recibe respuesta alguna, pero no parece advertirlo porque de inmediato continúa:)*

¡Hermosa mañana para ser disfrutada a tope…!

> *(Mirando a las alturas y protegiéndose con una mano a guisa de visera:)*

¡…Y qué sol más extraordinario el de esta bendita región! ¡…Y qué decir del agua! ¡Estupenda!

(Introduce la punta de un pie bajo la ola que acaba de morir en la orilla. El respingo que zarandea su cuerpo es tal que encoge la pierna como si tuviera un muelle. Forzando una sonrisa:)

¡Un poco fresquita hoy, a pesar del calor, que todo hay que decirlo! Pero… ¡qué transparencia!

(Tomando aire a pleno pulmón:)

¡Bendita luz la de esta atmósfera limpia y sin contaminar!

(Señalando hacia el "horizonte":)

¡Fíjese! Incluso se ve nítida la costa africana…

(Breve pausa. A pesar de su aspecto cansado, no deja de hacer gimnasia.)

A propósito, ¿qué opinión le merece la llegada a nuestras costas de tanto y tanto inmigrante indocumentado…?

(Como la vez anterior, continúa su perorata sin esperar a recibir respuesta.)

Desde luego, yo tengo las ideas muy claras al respecto, ¿sabe…? En realidad, como casi todo el mundo… ¿Para qué nos vamos a engañar…?

(Seguro de su afirmación, sin dudar un instante que el otro pueda tener una opinión formada distinta a la suya:)

Pero, amigo mío, el asunto se ha puesto de tal manera en estos últimos tiempos que para decir lo que verdaderamente se piensa, se la va a tener que coger uno con papel de fumar...

(No deja de moverse.)

...Y es que cuando uno decide largar por la boca lo que opina sobre el problema de marras, en ese preciso momento aparece el clásico listillo o el sabihondo de turno —llámelo como le venga en gana: el nombre es lo de menos— que te señala con el dedo y te tilda de racista.

(Aparte:)

...Y es que siempre hay una mierda para una esquina.

(Encogiéndose de hombros:)

Porque yo no soy racista, ¿sabe...?

(Esta vez sí espera unos segundos, mostrándose vivamente interesado por la reacción del otro. Pero, al no recibir respuesta, opta por seguir.)

Parecerá una estupidez —que conste que a mí también me lo parece—, pero cuando surge este tema a lo largo de alguna conversación, siempre tengo que empezar con esa advertencia.

(Justificándose:)

Algo así como si se tratara de una declaración de principios. Ya ve qué tontería, a mis años… Una especie de preaviso. Más que nada, en prevención de que entre los presentes se encuentre el detestable pariente mestizo del repelente niño Vicente y salga por los cerros de Úbeda.

(Que se sabe ingenioso, mostrando una amplia sonrisa:)

…O por el mar de Alborán.

(Plenamente convencido de su procedimiento y tratando de aportar firmeza:)

Sí, sí… Por supuesto… Antes de dar a conocer mis lógicos e irrefutables argumentos, siempre lo hago. Siempre, siempre…

(Como si anunciara una marca de automóviles o de electrodomésticos, separando cuanto puede los pies y gesticulando convenientemente para la ocasión con las manos:)

¡Yo no soy racista!

(Breve pausa. Sonriendo picaronamente:)

Si he de serle sincero, se trata de una táctica, ¿sabe…?

(Un mínimo silencio.)

No me queda más remedio que hacerlo porque —créame lo que le digo— hay muy mala leche en este lado del estrecho.

(Asintiendo varias veces con la cabeza:)

...Y antes de que te des cuenta, sin que nadie se haya interesado siquiera lo más mínimo en saber lo que realmente ronda por tu coco, te manipulan las palabras, te tergiversan las declaraciones, te interpretan –lo de interpretar es por utilizar una palabra suave y agradable para los oídos– hasta el tono de las expresiones y consiguen que aparezcas ante los demás como lo que no eres...

(Deja pasar unos segundos de suspense y, muy decidido, resuelve dar continuación a los puntos suspensivos:)

¡Un cerdo racista!

(Nuevamente sonriente, asomando a su rostro ese ligero toque malicioso de hace unos instantes:)

...O xenófobo, como nos ha dado por decir ahora.

(De nuevo, aparte:)

Si fuera por pedantes y cursis...

(Con falsa pena, enseñando la dentadura:)

Me escuecen las encías y tengo irritadas las cuerdas vocales de repetir hasta la saciedad que hay todo un abanico de tonalidades de gris que muy poca gente –por no decir ninguna– tiene en consideración.

(Como si hubiera descubierto la cuadratura del círculo:)

Sin ir más lejos, ahí tiene a los periodistas…

(…Y clama al cielo levantando los brazos en clara actitud teatrera.)

¡Por favor…! Seamos serios y denunciemos que a los integrantes del gremio del cuarto poder no les interesa la verdad, que sienten aversión al justo medio, que desprecian el tono grisáceo.

(Gustándose:)

¡Claro! Se creen que en este país nos chupamos el dedo, pero… ¿a quiénes van a engañar…?

(En actitud chulesca:)

A estas alturas de la película, todo el mundo es consciente de que vende mucho más el blanco o el negro que las medias tintas. …O dicho de otra manera: esos pregoneros de las medias verdades sólo andan tras el lado morboso de la noticia, tras la cara amarilla del escándalo, porque está más que demostrado que eso es lo que dispara el índice de la audiencia.

(Decididamente embalado y poniendo acento de seguridad en cada frase:)

Buscan el titular sensacionalista, inventan la portada llamativa, disfrazan la verdad rotunda, especulan con la fotografía demoledora…

(De pronto, se detiene. Parece haberse quedado sin ideas.
…Y añade, a modo de conclusión:)

A veces sería conveniente matar al mensajero.

(En tono bajo, casi confidencial:)

No siempre es tan inocente como nos lo han hecho creer…

(Encogiendo los hombros, resignado a la suerte:)

¡Pero la "pela" es la "pela"! ¿Qué quiere que le diga que usted no sepa…? ¡El negocio es el negocio…!

(Cargado de cuanta ironía le es posible:)

¡…Y menudo negocio, magníficamente parapetado tras la religión que a más gente ha condenado a morir achicharrada en el infierno: la de la libertad de expresión!

(Con la rabia que da la impotencia:)

…Y sus perversas mentes nunca se paran a pensar cuáles son las auténticas inclinaciones del ser humano o hasta dónde llega la profundidad de pensamiento de un simple ciudadano de a pie como –por ejemplo– yo. Sencilla y llanamente, porque sus conciencias retorcidas y sin escrúpulos pasan de mí, pasan de usted, pasan de todos…

(Como aceptando una derrota inevitable:)

…Y les importa un comino si con sus repugnantes publicaciones o con sus malditos reportajes destruyen la bien ganada fama de cualquier hijo de vecino, la reputación trabajada con el esfuerzo a través de los años.

(En un arrebato, desafiante:)

¡Vamos a ver…! ¿Qué tengo yo contra los negros, eh…? ¡Nada! ¡Ya he dicho por activa y por pasiva que yo no soy racista! ¡Se puede decir más fuerte, pero no más claro!

(…Y, naturalmente, lo hace, distanciando la pronunciación de las sílabas:)

¡Yo no soy racista!

(Silencio elocuente. Conciliador:)

Bastante desgracia tienen esas pobres criaturas de Dios –porque no olvidemos que también son criaturitas de Dios–, que han de resignarse a vivir pigmentados con el tinte más oscuro del color gris, ese regalo envenenado de una naturaleza despiadada y cruel, para que encima no les dejemos que extiendan sus mugrientas…, digo sus coloridas mantas en nuestras aceras…

(Muy excitado, cargando las tintas de nuevo:)

…Y, por supuesto, no es de recibo que los grandes responsables de la prensa adopten esa postura cómoda y alejada de cualquier guiño a la ética, porque en esta puñetera vida nada es enteramente blanco o enteramente negro. ¡Nada! ¡Créame…! ¡Nada!

(Que le asalta la duda, aunque menos, tras observarse con atención la piel de una mano:)

Bueno… En realidad, yo soy blanco…

(Asomándosele una leve sonrisa delatora, que trata de ocultar sin éxito:)

¡Blanco! ¡Enteramente blanco! ¡Completamente blanco! ¡Absolutamente blanco! ¿Para qué andarnos por las ramas…?

(Que no puede disimular esa sonrisa que se le sigue asomando a través de la comisura de los labios:)

…Y hay negros. ¡Ya lo creo que sí! ¡A la vista están…!

(Tratando de desenmarañar la madeja, escapando hacia adelante:)

¡…Y no se zanja la cuestión cerrando los ojos y negando la evidencia! ¡Qué va…! ¡Ni mucho menos…!

(Alzando la voz:)

¡Eso sí sería racismo! ¿Qué quiere que le diga…? ¡…Y yo insisto en dejar claro que no soy racista! ¡Insisto!

(Silencio, que aprovecha para digerir las últimas palabras pronunciadas.)

Las calles de nuestros pueblos y ciudades están abarrotadas de africanos que han tomado al asalto las aceras con sus mantas y nos están colonizando con sus estridentes músicas "tantaneras" y sus atribulados bailes y danzas tribales, que más bien parecen concebidos para saltimbanquis y atletas con complejo de saltamontes y langostas del desierto sahariano que para la juventud discotequera de una cultura occidental.

(Con falsa resignación:)

¡Pero no hay problema, hombre de Dios...! ¡No hay problema! Nuestros jóvenes han demostrado suficientemente tener unos estómagos a prueba de bomba y son capaces de engullir cualquier ruido tamborilero que les echen. ...Y no necesitan bicarbonato para hacer una buena digestión, sino marcha "tope guay" a ritmo de botellón...

(...Y se para en seco para comprobar si se produce alguna reacción. Como siempre, sigue con su discurso.)

Supongo que estará usted de acuerdo conmigo si le digo que para transitar por las aceras hay que hacerlo de puntillas. Así...

(Se presta a una ridícula imitación.)

Igual que el gato Silvestre en los dibujos animados de la televisión cuando decide atrapar a Piolín.

(Resbala y no da con sus huesos en tierra de auténtico milagro. Agarra un berrinche de cuidado, como si hubiera estado a punto de pisar algún objeto.)

¡Nada de pasear tranquilamente por la calle perdiendo la mirada —como me gusta a mí— a través del azul del cielo que se adivina entre las copas de los árboles…! ¡Nada! ¡Siempre con el miedo metido en el cuerpo…! ¡A ver si voy a pisar un disco de mierda y encima me denuncian…!

(Que le han hecho gracia las últimas palabras, sonríe.)

¡…Y en mi propia casa, vamos…! ¡Lo nunca visto! ¡Historias para ser contadas! ¡Para joderse…!

(Aparcando la sonrisa a un lado, de pronto con la seriedad por montera:)

¡Muy bonito, hombre…! ¡Muy bonito…! Nos hemos apretado aquí hasta los dientes para implantar un sistema basado en la igualdad y ahora desembarcan como por arte de magia unos analfabetos que no se saben ni las cuatro reglas de los tan cacareados derechos humanos y empiezan a reclamarte una relación de igual a igual en tu propia casa.

(Alucinando:)

¡…Y eso que no traen papeles! ¡Es la leche! Si los trajeran bajo el brazo, más de uno ganaría el Nobel de Literatura…

(Que quiere dejarlo claro:)

Digo —…y digo bien— unos analfabetos de los derechos humanos porque se han enterado de la existencia de esos derechos cuando han llegado aquí, porque en sus países no los conocían.

(Con ganas de cachondeo:)

¿Quién se los iba a presentar…? ¿El mago de la tribu…?

(Actuando, haciendo de presentador:)

Aquí, los derechos humanos, que ni siquiera son conocidos en su casa a la hora de comer.

(Igual, girándose hacia el lado contrario:)

Aquí, un iluso.

(Cambiando súbitamente, malhumorado:)

¡Es que no han puesto pie a tierra y ya están exigiendo igualdad…! ¡Resulta cabreante, joder! ¡Que se la ganen a pulso, como hicimos los demás, con el esfuerzo del día a día…!

(Con ironía:)

¡…Y con más de una carrera delante de la policía! ¡Vaya unos coj…!

(Decide no terminar la frase sustituyendo el final por unos aspavientos con las manos.)

Pero que quede claro que yo no soy racista, ¿eh...? ¡Yo no soy racista! ¡Que quede claro...!

(Extrañado, con cara de sorpresa, como si hubiera sido atacado con una pregunta malintencionada:)

¿...Y contra los moros...?

(Sonriendo, de nuevo con ironía:)

¡Ya es gana de fastidiar! ¿¡No te jode...!?

(Convencido de lo que afirma:)

Sin ir más lejos, Marbella y toda la Costa del Sol están atiborradas de moros de todas las nacionalidades.

(Señalando al mar:)

Toda la franja costera está llena de yates lujosísimos cuyos propietarios rezan en dirección a La Meca.

(Entre la chulería y la provocación, dándose un fuerte y sonoro golpe en el pecho:)

¡...Y aquí me tiene, buen hombre! ¡Siempre con la verdad por delante, aunque un día me partan la cara! ¡Lo mismo me da un cristiano papista como Dios manda que un musulmán chiíta del caraj...!

(...Y calla de pronto, dejando en el aire la última pala-
bra. Harto de su propia censura, se envalentona y opta
por dar rienda suelta a sus pensamientos.)

¡Ya está bien! ¿Es que no voy a poder hablar con en-
tera libertad en mi propio país, eh...? Lo que a mí
realmente me encocora es tener que aguantar estas
interminables oleadas de desmayados de hambre que
nos vienen inundando de un tiempo a esta parte y que
nos hacen una desleal competencia a la hora de buscar
trabajo...

(En tono amenazador:)

¡...Y anda, que está la cosa para encontrar una plaza...!
¡Joder! ¡Me cago en la leche...!

(Como buscando culpables por la situación:)

Sin ir más lejos, mi yerno lleva cuatro años y medio
presentándose a todas las oposiciones para auxiliar ad-
ministrativo y... ¡no hay cojones! ¡Lo que yo le diga...!

(Resignado al pataleo:)

Si sigue así la cosa, cuando esté hasta las mismísimas
narices de suspender, no le quedará otro remedio que
recoger tomates en los invernaderos de El Ejido con
esa chusma.

(Que no quiere ni pensarse lo que acaba de decir, llickván-
dose ambas manos a la cabeza:)

¡Lo nunca visto! ¡El marido de mi hija…, el padre de mis nietos…, sudando la gota gorda con esos apestosos bajo ese inmenso mar de plástico!

(Queriéndolo dejar claro:)

…Y desde mi punto de vista —que yo sepa— eso no es racismo. Será insulto, agresión verbal y todo lo que se quiera, pero no es racismo. Porque yo no soy racista. ¡Que quede claro…!

(A manera de justificación:)

Si al menos se lavaran un poquito… Que cantan los sobacos…

(…Y silba unas notas de "Angelitos negros".)

¡Coño, Machín! ¿No podían ser blancos…?

(Que no ha sido enfriado por el inciso:)

¡…Y no me diga usted que en sus países de origen no encuentran nada que llevarse a la boca…! ¡Cuentos chinos! Lo que pasa es que les ponen la cabeza como una haza de pitos y les venden la imagen de esa sociedad perfecta y opulenta que, si hemos de ser sinceros, habrá que reconocer que no tenemos.

(Teatral e irónico:)

Pero… ¡nada! ¡Venga…! ¡Aquí cabemos todos…! ¡Donde comen dieciocho comen veinte! ¡…Y así nos va…!

(Vuelve a hacer algún ejercicio.)

¿...Y cree que sólo vienen aquí a trabajar...? ¿De verdad cree que piensan volver después a sus casas...?

(Casi confesando, en secreto:)

Vienen para quedarse entre nosotros... Sí, sí...

(Como si anunciara la llegada de la peste:)

Vienen para ser unos más como nosotros, con los mismos derechos. ¡No sé adónde vamos a llegar...!

(Hondamente preocupado:)

Yo no seré testigo de la caída de esta sociedad decadente que permite no ya el encuentro, sino la prostitución y violación de culturas. ...Y quizás mis hijos tampoco vivan ese momento. Bueno; mi Pepe, seguro que no. Él se casó con una alemana y se quedó allí a vivir. Pero mis nietos... ¡Ay...! Bueno; los hijos de mi Pepe, no. Pero los demás... ¡Quién sabe lo que el destino tiene reservado a mis demás nietos...!

(Llevándose las manos a la frente:)

...Y cuando sean más que nosotros en número, ¿qué será de la fe que nos ha sido transmitida de generación en generación...? ¿Acaso llegará un día que nos acordaremos de quienes fueron martillo de herejes...?

(Mirando al cielo:)

¡Sólo Tú, Señor, sabes lo que nos espera!

(En actitud suplicante:)

¡Envíanos una señal para que estos humildes pecadores no se desvíen del recto camino!

(Un balón playero de grandes dimensiones está a punto de impactar en su cabeza.)

¡Me cago…!

(Fuera de sí:)

¿También hoy, niño…? ¿También hoy nos vas a joder la mañana…? ¡Deja de dar por culillo con la dichosa pelotita…! ¡Como te agarre, vas a saber tú lo que vale un…!

(Que no le ha debido gustar la contestación del niño, haciendo un amago de salir tras él:)

¡Que te lo has creído, mocoso de mierda, híbrido de un vagabundo mulato del norte y una puta esclava del sur…! ¡Me cago mil veces en el bastardo cornudo de tu abuelo, que los debió tener largos y retorcidos…! ¡Aquí se hace lo que yo ordene, coño! ¡…Y si no te gusta, a la inclusa, que es la casa que te vio crecer!

(Centrándose de nuevo:)

¿…Y qué pasará con la política…?

(Limpiándose el sudor de la frente con un pañuelo, horrorizado con el pensamiento que revolotea por su cabeza:)

¡Dios mío…! ¡Una república islámica…!

(Dándose palmadas en la frente:)

¡Joder, joder, joder…!

(Casi histérico:)

¡…Y los descendientes de estos desheredados se mezclarán con mis descendientes…! ¡Unos muertos de hambre resucitados gracias al sudor de la frente de mi abuelo, de mi padre…!

(…Y se limpia otra vez la frente.)

¡Mía! ¡De mi frente!

(Nueva mirada a las alturas:)

¡Oh, Señor, no permitas estas barbaridades contra natura! ¿Cómo es posible, Dios mío, que…?

(En un grito:)

¡Bacanal de religiones…! ¡Orgía de civilizaciones…! ¡Sodomización de culturas…!

(Que no lo puede soportar:)

¡Ah…! ¡Sodomiz…! ¡La inmigración sale del armario a mogollón!

(Breve pausa. Se tranquiliza.)

Cuando yo me vi en la necesidad de tener que emigrar a aquellas extrañas y frías tierras del centro de Europa hace ya… ¡Dios mío, cuánto tiempo…! ¡Treinta y tantos años! ¡Cómo pasan los días, los meses, los años…! Pero todo era distinto entonces. ¡Todo!

(Casi llorando:)

Porque mis compañeros de viaje y yo fuimos allí con la ilusión de trabajar para que con los ahorros de nuestro esfuerzo nuestros hijos pudieran ser alguien el día de mañana. Pero no le quitábamos el trabajo a nadie.

(Apostillando en un tono de voz más alto:)

¡A nadie! ¿Ha quedado lo suficientemente claro…?

(Silencio delator. Corrigiendo, en un alarde de comprensión de lo más interesado:)

…Y si se lo llegamos a quitar en alguna ocasión –que no digo yo que no–, sería porque estábamos mucho mejor preparados y capacitados que ellos. ¡A espabilar…! ¡Qué cojones…!

(Recordando con emoción:)

Salíamos de la estación viendo a nuestras familias agitar los pañuelos diciéndonos adiós.

(Puede que las palabras pronunciadas le hagan tararear alguna canción. De nuevo, con ira:)

¡Nada de escapar del país con nocturnidad y alevosía! ¡Eso es cosa de delincuentes! ¡Con los papeles en regla! ¡Qué mafias ni qué niño muerto…! ¡Como Dios manda! ¡Todo firmado y sellado! ¡…Y si hubiere sido necesario, por cuadruplicado!

(Indignado:)

¿…Y qué es eso de venir andando desde el otro extremo de un continente inhóspito y salvaje? ¿Acaso no son conscientes de los peligros que entraña cruzar a pie un desierto? ¿Es que no han sopesado el riesgo que conlleva navegar en una cáscara de nuez con olas de no sé cuántos metros? ¡…Y lo que es peor: algunos de ellos sin saber nadar!

(Igual, que no quiere dejar ningún cabo suelto:)

¿Cómo es posible que su irresponsabilidad les haya nublado el horizonte de la sensatez? ¿Cómo es posible que su afán por mejorar les haya impedido pensar en qué situación quedarían sus hijos si no pudieran regresar? ¡Son como animales, coño! ¡No me extraña que en sus países no se conozcan los derechos humanos!

(Otra vez más calmado:)

...Y nos presentábamos allí limpios como una "patera"...

(Que ha advertido de inmediato la metedura de pata, intenta enmendar el entuerto:)

¡Patena..., patena...! Limpios como una patena, aseados de pies a cabeza, como los chorros del oro...

(...Y se atusa el pelo con saliva. Después se arregla las solapas de la camisa y saca pecho.)

...Y eso que había que buscar el agua, porque escaseaba... ¡Ya lo creo que escaseaba! ¡No como ellos, que fíjese cuánta agua...

(Señalando hacia el mar:)

...y no le hacen ni puñetero caso! Pues... ¡eso! La mejor tarjeta de visita es uno mismo.

(...Y lentamente se pasa la mano por el cuerpo presumiendo de figura.)

¿No piensa usted igual...?

(Como en ocasiones anteriores, no espera a que se produzca la posible respuesta y continúa su monólogo en plan batallita del abuelo.)

Allí éramos todos como una piña. ¡Todos para uno y uno para todos! Se lo puede imaginar... Había que

defenderse con algo más que uñas y dientes de la alta-
nería y de los improperios de aquellos cabronazos que
se creían con más derechos que nosotros.

(Nuevamente indignado:)

Algunos perros y gatos disfrutaban de un bienestar que
ya lo habríamos querido para nosotros…

(Aún bajo los efectos del recuerdo de esa humillación:)

¡Ni que hubiésemos ido allí con la intención de apro-
piarnos de sus trabajos, usurparles sus derechos o ca-
sarnos con sus hijas…! ¡No te jode…! ¡Que se lo metan
todo por donde les quepa!

(Silencio.)

Con lo difícil que resulta poder sobrevivir en un país
extraño –en donde, por no conocer, no conoces ni las
costumbres, ni la cultura, ni el idioma, ni… ¡nada de
nada!–, encima tienes que soportar la permanente humillación de unos intolerantes y fachas de mierda, de
unos descerebrados obsesionados con la idea de hacer-
te la vida insoportable para que tengas que coger el camino de regreso a casa. ¡Gentuza…!

(Que no puede ni quiere disimular la ofensa sufrida:)

…Y todo porque decían no sé qué de un erre hache de…
¡vaya usted a saber qué…! Una historia increíble y absur-
da que tenía que ver con el blanco de la piel o algo así…

(Haciendo memoria:)

¡Ah, sí! El problema surgió porque unos hijos de la gran...

(...Y, tras morderse la lengua, termina:)

...no dejaban de incordiarnos con la estúpida niñería de que eran más blancos que nosotros...

(Dudando, rascándose la cabeza:)

¡No, no...! ¡A ver si me acuerdo...! Creo que se trataba de que nosotros éramos menos blancos que ellos...

(Hecho un lío, tratando de aclarar la cuestión:)

En cualquier caso, lo que estaba claro es que en el fondo subyacía un problema de blanqueo. Sí; como el del dinero. Como si eso tuviera alguna importancia...

(Riendo con satisfacción:)

¡...Y entre unas cosas y otras, una noche nos tocaron...

(Pensándose hasta dos y tres veces las palabras que va a pronunciar:)

...la moral más de la cuenta y les dimos un palizón...! ¡Dios mío, qué palizón...! ¡No llovieron hostias ni nada...! ¡Para que aprendieran a ser hospitalarios...! ¡Qué cojones...!

(En tono casi confidencial:)

Pero no crea que siempre andábamos a la greña con ellos. ¡Qué va…! Un día que les estaban dando tela marinera de la fina a unos morenos, nos metimos en medio y entre todos pusimos morados a los negros.

(Tratando de traer algo a la memoria:)

…Y el caso es que ya no me acuerdo muy bien del porqué de aquella pelea. Pero, como Dios nos dio a entender, allí nos hicimos un hueco mis hermanos, mis cuñados y yo, y fue la leche. ¡Créame…!

(Recordando de pronto:)

¡Ah, sí…! Después nos enteramos de que no les había gustado la mirada que les dedicó uno de ellos… o algo así…

(Acercándose al otro:)

A propósito, amigo… Hablando de hospitalidad… Es usted muy poco comunicativo, ¿eh…?

(…Y espera una respuesta. Harto, hace un desaire con las manos y, tras recoger sus pertenencias, desaparece por un lateral. Por el contrario entra en escena un vehículo, que se detiene junto al que —se supone— está descansando sobre la arena. Descienden un miembro de la Cruz Roja y otro de la Media Luna Roja. Hechas las oportunas comprobaciones, advierten que se trata de un

cadáver. Lo depositan en una camilla y se disponen a trasladarlo al vehículo. Se escucha un golpe seco, que proviene de fuera del escenario.)

¡Hijo de mala madre…! ¡La próxima vez le das un balonazo al gitano de tu padre en donde tú y yo sabemos…!

(…Y como ya sucediera, no termina la frase porque alguna lindeza le habrá dedicado el niño.)

¡Muy bien! ¡Tú lo has querido…! ¡Te has quedado sin la dichosa pelotita! ¡De un patadón va a trasponer a África! ¡A ver si con un poco de suerte les sirve de entretenimiento a esos moros de mierda y se olvidan de sacar billete de clase superior en una patera!

(Se oye dar una fuerte patada al balón, que aparece surcando el cielo del escenario y golpea en la cabeza del cadáver. El de la Cruz Roja y el de la Media Luna Roja están a punto de volcar la camilla. No sin dificultad logran introducirlo en el vehículo y emprenden una marcha lenta. A punto de quedar la escena vacía, se oye:)

¡…Y que quede claro que yo no soy racista…!

(Silencio. Sólo se oyen las olas del mar. Cae el telón.)

Teatro Mínimo

El okupa

de

José Moreno Arenas

El okupa

PERSONAJES

MUJER
HOMBRE

ACTO ÚNICO

En primer término del escenario y frente al público, una amplia y cómoda butaca. En la parte posterior y de izquierda a derecha: una cama, un fregadero, un retrete, una cocina, una mesa con una plancha, una lavadora y un tenderete de ropa. Al fondo, una puerta.

(Al levantarse el telón, la MUJER está haciendo la cama. El silbido provocado por algún cacharro puesto al fuego de la cocina hace que de inmediato deje las tareas del dormitorio y acuda de un salto al ruido que la reclama. Tras retirar una cafetera, en una taza se sirve un poco café. Un sorbo. Quema más de lo esperado. Trata de enfriarlo soplando. Cuando aún no ha dado cuenta del segundo trago, otro ruido —esta vez, de la lavadora— le advierte que está lista para programar. A toda prisa deja el café a medio beber y acude rauda junto al electrodoméstico que le reclamaba la atención. A velocidad de vértigo separa las prendas de vestir, introduciendo unas en la lavadora y dejando otras en una canasta.)

MUJER.–Blanca... De color... Blanca... Blanca... De color... Blanca... De color... De color... Blanca...

(...Y así hasta que pasa por sus manos todo un ejército de sucias prendas de vestir. Resoplando, por fin logra apurar la taza de café. Con evidentes síntomas de cansancio, regresa al dormitorio para terminar las faenas interrumpidas. Una vez finalizadas, saca de un armario otra canasta repleta de ropa, que va colgando con pinzas en el

tendedero. Sin solución de continuidad, dirige sus pasos hacia el fregadero y, con la mirada perdida no se sabe muy bien en qué horizonte, empieza a dar buena cuenta del montón de cacharros apilados.

Suena el timbre de la puerta. Abandona de nuevo su ocupación y —ahora, con paso lento, casi arrastrando las zapatillas por el suelo— se encamina hacia la puerta. Cuando se halla a mitad de camino, suena otra vez —en esta ocasión con provocadora insistencia— el timbre. El paso de la MUJER no gana en velocidad. Cuando está a punto de abrir, nuevos timbrazos de impaciencia.

Abre, por fin. Entra el HOMBRE. Sin cruzarse palabra alguna, beso de rutina. El marido, con claros síntomas de no poder aguantar más, corre a orinar en el retrete. Hechas sus necesidades, se olvida de tirar de la cadena y cruza la escena en dirección al público, dejándose caer literalmente en la butaca, que no vuelca de auténtico milagro.

Con la sola ayuda de sus pies, el HOMBRE se quita los zapatos. Su esposa, que mientras tanto ha ido a recoger las zapatillas de paño, se aproxima a él y, tras quitarle los calcetines de forma maquinal, se las pone también en un acto de rutina de siglos. Él siente un alivio sin límites, que se refleja en la cara de satisfacción.

La MUJER regresa a la cocina y se dispone a preparar un aperitivo sobre una bandeja.

El HOMBRE enciende el televisor —por la posición de la butaca, se supone que está en el público— con un mando a distancia. Luego, sin abandonar la butaca, se quita poco a poco algunas prendas de vestir y las lanza sin miramientos sobre una silla.

*Llueve a cántaros sobre el tendedero. La MUJER apar-
ca a un lado el piscolabis y se pone a recoger la ropa como
si tuviera diez manos.*

*Por la manera de utilizarlo, más que un mando a dis-
tancia, parece una ametralladora: el HOMBRE, como
poseído, dispara y dispara. Ningún programa parece de
su agrado. Resignado, se conforma con el menos aburrido. Harto de esperar el momento del picoteo, refunfuña:)*

HOMBRE.–¡Grrrrr…! ¡Frrrrr…! ¡Prrrrr…! ¡Cervecita…!

*(La MUJER, nerviosa, trata de aligerar la recogida de
la ropa. Se pone empapada de agua.)*

MUJER.–¡Voy volando…!

*(La MUJER es una máquina infatigable recogiendo la
ropa. Las pinzas saltan por los aires.
El HOMBRE, que no se siente a gusto, cambia de postura sobre la butaca e insiste en sus exigencias:)*

HOMBRE.–¡Grrrrr…! ¡Patatitas chips…! ¡Frrrrr…! ¡Acei-
tunitas rellenas de anchoa…! ¡Prrrrr…! ¡Revueltito de
pipas y pistachos…!

*(Deja de llover. Tras mirar al cielo, la MUJER no
sabe si volver a tender la ropa o dejarlo para mejor ocasión. Le sobreviene un fuerte estornudo:)*

MUJER.–¡Atchísssss…!
HOMBRE.–¡Jesús…!
MUJER.–Gracias…

HOMBRE.–De nada…

> *(Indecisa, la MUJER opta por servir el aperitivo al marido, que, sin agradecimiento alguno, se pone a tragar como un animal. Le sienta bien. Eructa un par de veces. La MUJER ordena con cuidado el vestuario del marido. Tras dedicarle una mirada de desprecio, que él no advierte, sigue tendiendo la ropa.*
> *Música deportiva. El HOMBRE acierta con el canal deseado. Se divierte.*
> *Aunque lo intenta, la MUJER no puede impedir un nuevo estornudo:)*

MUJER.–¡Atchísssss…!
HOMBRE.–¡Goooool…!
MUJER.–Gracias…
HOMBRE.–¡Goooool…! ¡Goooool…! ¡Goooool…!

> *(La MUJER se acerca al retrete. Tras comprobar algo, señala:)*

MUJER.–Te has meado fuera…

> *(El HOMBRE, feliz en su butaca, no quita ojo del aparato de televisión.)*

HOMBRE.–Yo también te quiero mucho, cariño…
MUJER.–Pues entonces… ¡ya está todo hecho…!

> *(La MUJER tira de la cadena del retrete y después limpia el pipí del marido. Con las fuerzas muy justitas, se pone a planchar una enorme montaña de ropa.*

Emocionado con el fútbol, el HOMBRE no deja de tragar y tragar.)

HOMBRE.–¿Sabes qué he pensado...?

(Indiferente, la MUJER continúa con las labores de la plancha.
El HOMBRE, sintiéndose el rey de la butaca, la hace partícipe de sus inquietudes:)

Si yo le pusiera ruedas a la butaca y tú te sacaras el carnet de conducir, me podrías llevar de un lado para otro... ¿Qué opinas...?

(La MUJER, sin decir ni pío, levanta el dedo corazón de la mano derecha. Unos segundos más tarde lo baja y alza a un tiempo los dedos índice y meñique. Pausa. Vuelve a izar al aire el dedo corazón. ...Y, de nuevo, el índice y el meñique. ...Y así, intermitentemente, hasta que cae el telón.)